Architekten Schweger + Partner
Zentrum für Kunst und Medientechnologie Karlsruhe

Text
Andrea Gleiniger

Photographien/Photographs
Bernhard Kroll

Edition Axel Menges

Herausgeber/Editor: Axel Menges

Veröffentlicht in Zusammenarbeit mit dem Zentrum für
Kunst und Medientechnologie, Karlsruhe.
Published in co-operation with the Zentrum für Kunst
und Medientechnologie, Karlsruhe.

Den folgenden Firmen sei für ihre finanzielle Unter-
stützung bei der Realisierung dieses Buches ge-
dankt:
The following firms are mentioned in appreciation of
their financial support in realizing this book:

Stadtwerke Karlsruhe GmbH
Werner Sobek Ingenieure GmbH, Stuttgart
Franz Grötz GmbH & Co. KG, Gaggenau
die möbelwerkstatt Christian Boldyreff, Ettlingen
Jaeger, Mornhinweg + Partner GmbH, Stuttgart

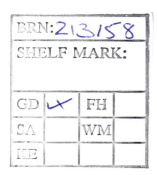
© 1999 Edition Axel Menges, Stuttgart/London
ISBN 3-930698-34-X

Reproduktionen/Reproductions: Bild und Text GmbH
Baun, Fellbach
Druck und Bindearbeiten/Printing and binding:
Daehan Printing & Publishing Co., Ltd., Sungnam,
Korea

Redaktionelle Mitarbeit/Editorial assistance:
Christiane Jürgens
Übersetzung ins Englische/Translation into English:
Michael Robinson
Design: Axel Menges

Inhalt

6   Von der blauen Blume zum Blue Limbo: das Zentrum
     für Kunst und Medientechnologie in Karlsruhe

20   Pläne
     Grundrisse 20 – Schnitte 24 – Detailschnitte 26

28   Bildteil
     Außenansichten 28 – Eingangshalle 38 – Erschlie-
     ßungsspange 42 – Musikstudio 44 – Medienthea-
     ter 46 – Videothek 48 – Bibliothek 49 – Museen 50 –
     Lichthof im noch nicht ausgebauten Teil 54

Contents

7   From the blue flower to the Blue Limbo: the Zentrum
     für Kunst und Medientechnologie in Karlsruhe

20   Plans
     Floor plans 20 – Sections 24 – Detail sections 26

28   Pictorial section
     Exterior views 28 – Entrance hall 38 – Access link 42 –
     Music studio 44 – Media theatre 46 – Video centre 48 –
     Library 49 – Museums 50 – Atrium in the section of
     the building which is not yet finished 54

Von der blauen Blume zum Blue Limbo: das Zentrum für Kunst und Medientechnologie in Karlsruhe

Souverän bestimmt der Kubus die Eingangssituation: Blau leuchtend hebt er sich ab gegenüber der sandfarben verputzten Fassade des langgestreckten Altbauriegels. Seine filigrane Kubatur und die aus emaillierten, blau changierenden Metallplatten, aus Stahlelementen und Glaslamellen gefügte Außenhaut setzen ein klares Zeichen gegenüber der fast militärisch strengen Gliederung des ehemaligen Fabrikbaus. Zu den akademischen Geometrien der benachbarten, von Oswald Mathias Ungers fast gleichzeitig errichteten Bundesanwaltschaft[1] bildet der Würfel ein leichtes und ungleich einladenderes Gegengewicht.

Das Thema räumlicher Quadrate und geschlossener Kuben variiert er auf entspannte und schwerelose Weise, einprägsam pointiert der Kubus die weitäufige, noch etwas vage Platzsituation, die im Schatten dieser beiden Architekturmonumente entstanden ist. In der Konfrontation der Monolithe ist er zu einer Geste konzilianter Vermittlung geworden.

Er beherbergt die Musikstudios des Instituts für Musik und Akustik und sollte ursprünglich ein Pendant erhalten: Ein zweiter, nahezu identischer Kubus war für die Unterbringung der Videostudios vorgesehen. Er fiel der Umplazierung des Ungers-Baus zum Opfer, dessen kantig verschlossene Stereometrien eigentlich auf den Standort des neobarocken Domizils des Bundesgerichtshofes bezogen waren.

Und so ist dieser Studiowürfel die wesentlichste und charakteristischste der wenigen nach außen hin sichtbaren architektonischen Ergänzungen des opulenten Hallenbaus geworden, dessen Sanierung und Umbau im Vordergrund der an das Hamburger Architekturbüro Schweger + Partner als Ergebnis eines Gutachtens vergebenen Planungsaufgabe standen.[2]

Der ehemalige Hallenbau A der Industriewerke Karlsruhe Augsburg (IWKA) ist mit seinen 312 Metern Länge ein Bau von beträchtlicher Größe und außerordentlichem Volumen. Sein Äußeres ist dabei von einem pragmatisch angewandten Neoklassizismus bestimmt, der die imposante Baumasse streng und regelmäßig gliedert. Doch eindrucksvoll ist vor allem sein Inneres: Es besteht aus einer durchgehenden Abfolge von zehn glasgedeckten Lichthöfen, die, lediglich von brückenartigen Emporengeschossen unterteilt, dem wuchtig langgestreckten Bau eine unerwartete Transparenz und eine immense Raum- und Lichtfülle verleihen. Dies zur Geltung zu bringen und gleichzeitig neu zu definieren, war eine zentrale Herausforderung der komplexen Planungsaufgabe. Denn so monolithisch sich das Gehäuse nach außen gibt, so vielfältig und unterschiedlich ist das, was in seinem großformatigen Inneren passiert, das eine ungewöhnliche Kombination kultureller Nutzungen beherbergt: Neben den vier vom ZKM bespielten Lichthöfen sind drei weitere der Staatlichen Hochschule für Gestaltung und zwei dem zukünftigen Sammlermuseum zugedacht. Im südlichsten, dem Lichthof 10, ist die Städtische Galerie der Stadt Karlsruhe untergebracht; er ist gleichzeitig als Wechselausstellungshalle für alle Museen vorgesehen.

Schon die institutionelle Vielfalt erforderte ganz unterschiedliche Raumkonzeptionen, die, ohne den einheitlichen Charakter des Gesamtbaus aufzugeben, der Verschiedenartigkeit der Funktionen und Inhalte gerecht werden mußten. Doch vor allem das ZKM selbst mit seinen beiden Museen – dem Medienmuseum und dem Museum für Neue Kunst –, mit seinen Forschungs- und Experimentalbereichen – dem Institut für Musik und Akustik und dem Institut für Bildmedien –, der Bibliothek und der Mediathek ist ein kultureller Ort, der nicht nur seinesgleichen sucht, sondern auch nach einer ebenso differenzierten wie innovativen museologischen und museumstechnischen Konzeption verlangte.

Und so ist das ZKM nicht nur das institutionelle, sondern auch das architektonische Herzstück der Gesamtkonzeption, Ausgangspunkt aller den Hallenbau städtebaulich und architektonisch behandelnder Überlegungen und Eingriffe.[3]

Die Umnutzung und Bewahrung historischer Bausubstanz für kulturelle Institutionen, für Museen, Hotels oder Büros ist mittlerweile ein vertrautes und bewährtes Thema der Denkmalpflege und Stadtökologie. Vor allem die Einrichtung neuer Museen oder die neue Unterbringung alter Sammlungen findet immer seltener in spektakulären Neubauten statt, wie sie im Zuge des Museumsbau-Booms während der 80er Jahre entstanden. Programmatisch werden sie mittlerweile in von ausgewiesener Architektenhand mehr oder weniger kunst- und stilvoll erneuerten und umfunktionierten historischen Industrie- und Verkehrsbauten realisiert, die wir seit Mitte der neunziger Jahre an vielen Orten besichtigen können. Ob brachliegende Bahnhöfe, aufgelassene Fabrikareale, stillgelegte Zechen oder leere Lagerhallen, die architektonischen Artefakte des Industriezeitalters haben sich mittlerweile durchaus bewährt als Gehäuse für die Kunst(re-)produktion und -präsentation des technologischen bzw. medialen Zeitalters, zumal in Zeiten, wo der Bestand der städtischen Kassen und Kataster bewahrt und sparsam bewirtschaftet werden muß.

Selten jedoch hatte man es mit einem derart opulenten und ausdrucksvollen Großbau zu tun wie hier in Karlsruhe. Selten auch wurde so kurzfristig ein spektakuläres architektonisches und planerisches Konzept über Bord geworfen, um unter völlig veränderten Rahmenbedingungen noch einmal von vorne anzufangen. Und zum ersten Mal hatte man es darüber hinaus mit einem ganz neuen Musemstyp zu tun: Im Spektrum der in den letzten 15 Jahren neu konzipierten und eingerichteten Kunst-, Technik- und Wissenschaftsmuseen hebt sich das ZKM deutlich ab. Als neu zu begründendes Präsentationsforum und Experimentierfeld des praktischen und theoretischen Dialogs von Kunst(produktion) und Medientechnologie forderte seine Konzeption eigentlich eine Architektur, die sich mit den das angebrochene Medienzeitalter thematisierenden (und repräsentierenden) Raumvorstellungen und architektonischen Darstellungsmitteln auseinandersetzt, um so die Innovation der musealen Konzeption mit den innovativen Potentialen avanciertester Architekturvorstellungen in ein Verhältnis wechselseitiger Erhellung zu setzen.

Und tatsächlich waren die ersten, Ende der achtziger Jahre präzisierten Planungen, wie wir wissen, in eine ganz andere Richtung gegangen. Der 1989 ausgeschriebene und entschiedene Realisierungswettbewerb hatte ursprünglich einen Neubau zum Gegenstand.[4] Damit war in ziemlich einmaliger Weise die Möglichkeit eröffnet, das Thema Medienarchitektur

1. Philipp Jakob Manz, Deutsche Waffen- und Munitionsfabriken, Karlsruhe, 1914–18. Hallenbau A, 1936. (Aus: *Karlsruhes neues Kulturzentrum,* Karlsruhe 1997.)
2. Philipp Jakob Manz, Deutsche Waffen- und Munitionsfabriken (zu diesem Zeitpunkt Industriewerke Karlsruhe-Augsburg), Karlsruhe. Hallenbau A, 1967. (Aus: *Karlsruhes neues Kulturzentrum,* Karlsruhe 1997.)
3. Josef Paul Kleihues, Hamburger Bahnhof Museum für Gegenwart, Berlin, 1989–96. (Photo: Jens Ziehe.)

1. Philipp Jakob Manz, Deutsche Waffen- und Munitionsfabriken, Karlsruhe, 1914–18. Hall A, 1936. (Aus: *Karlsruhes neues Kulturzentrum,* Karlsruhe 1997.)
2. Philipp Jakob Manz, Deutsche Waffen- und Munitionsfabriken (at this time: Industriewerke Karlsruhe-Augsburg), Karlsruhe. Hallenbau A, 1967. (Aus: *Karlsruhes neues Kulturzentrum,* Karlsruhe 1997.)
3. Josef Paul Kleihues, Hamburger Bahnhof Museum für Gegenwart, Berlin, 1989–96. (Photo: Jens Ziehe.)

From the blue flower to the Blue Limbo: the Zentrum für Kunst und Medientechnologie in Karlsruhe

The cube is totally in command of the entrance situation, glowing blue against the sandy-coloured, rendered façade of the long, solid-looking older building. Its filigree quality, with an outer skin of enamelled, iridescent-blue metal sheets, steel elements and glass slats, strikes a lucid and very different note from the austere, almost military, articulation of the former factory. It also provides a light and incomparably more inviting counterpart to the academic geometry of the office of the Chief Federal Prosecutor[1], built by Oswald Mathias Ungers at almost the same time.

The cube, relaxed and weightless, plays variations on the theme of spatial squares and closed cubes. It makes striking sense of the extensive but still somewhat vague suggestion of an urban square that has been created in the shadow of these two architectural monuments. It has become a gesture of conciliation and mediation in a battle of the monoliths.

It houses the music studios of the Institut für Musik und Akustik, and was originally to have had a companion piece: a second, almost identical cube was planned to house the video studios. This fell victim to the new location of Ungers's building, whose closed and angular geometry actually related to the neo-Baroque home of the Federal Supreme Court and its site.

And so this studio cube has become the most significant and characteristic of the few externally visible architectural appendages to this opulent hall whose refurbishment and conversion were the key items in a commission that went to Hamburg architects Schweger + Partner as the result of an expert report.[2]

The former Hall A of Industriewerke Karlsruhe Augsburg (IWKA) is 312 m long, and thus a building of considerable size and extraordinary volume. Its exterior derives from pragmatically applied Neoclassicism, which articulates the building's imposing mass austerely and regularly. But its interior is its most impressive feature: it consists of a continuous sequence of ten glazed atriums. These are divided only by bridge-like galleries, which lend the building's powerful length an unexpected transparency and create an abundance of space and light. The central challenge of the complex brief was to show these features to their best advantage, and at the same time to redefine them. Even though the building seems monolithic from the outside, an enormous range and variety of things happen in its huge interior, which houses an unusual combination of cultural facilities: three of the atriums are used by the ZKM, but another three are allotted to the Staatliche Hochschule für Gestaltung and two to the projected Sammlermuseum. The southernmost, atrium 10, accommodates the Städtische Galerie der Stadt Karlsruhe, which is also intended for use as a temporary exhibition gallery for all the museums.

This institutional diversity alone required a whole range of spatial concepts that had to do justice to diverse functions and contents without losing the unified character of the building as a whole. But above all, there is the ZKM itself, with its two museums – the Medienmuseum and the Museum für Neue Kunst –, with its research and experimental areas – the Institut für Musik und Akustik and the Institut für Bildmedien –,

its conventional library and its media library. This is a cultural location that is certainly unparalleled, but also required a concept in terms of museum practice and technology that had to be as sophisticated as it was innovative.

And so the ZKM is the heart of the whole concept, not just as an institution, but architecturally. It is the starting-point for all the ideas and interventions that were to affect the hall's architecture and its impact on the urban situation.[3]

Converting and preserving historical building stock for cultural institutions, for museums, hotels or offices, has now become a familiar, tried-and-tested theme in monument preservation and urban ecology. It is increasingly rare for new museums or old collections to be housed or rehoused in spectacular new buildings, as was the case during the 80s museum boom. They now tend to be accommodated in historical buildings formerly involved in industry or transport, renovated and converted more or less artistically and stylishly by an established architect's hand, a phenomenon that can be seen in various locations since the mid 90s. The architectural artefacts of the industrial age – which include disused stations, abandoned factory sites, closed pits or empty warehouses – have now entirely proved their worth as showcases for art (re)production and -presentation in the age of technology and the media, especially at a time when municipal funds and land registries have to be conserved and thriftily managed.

But few large buildings of this kind have been as opulent and expressive as this one here in Karlsruhe. And it is equally rare for a spectacular architectural and planning concept to be thrown aside in order to start again from the beginning under completely different conditions. This is also a completely different type of museum – another first: The ZKM is very clearly distinct from the other museums of art, science and technology that have been newly devised and fitted out in the last 15 years. The concept actually called for a particular kind of architecture. It was a presentation forum that had to be justified from the outset, and an experimental field for practical and theoretical dialogue between art (production) and media technology. It was required to accommodate ideas of space and means of architectural presentation that addressed (and represented) the dawning media age, thus making an innovative museum concept and the innovative potential of the most advanced ideas of architecture mutually illuminating.

And as we know, the first plans, drawn up in precise detail in the late 80s, were aiming in a quite different direction. The building competition, announced and decided in 1989, was originally looking for a new building.[4] This would have been an almost unique chance to produce an exemplary design for media culture, a subject that a lot of people were talking about at the time, without having any really clear ideas. An exposed site immediately south of the main station in Karlsruhe was to be the laboratory for the experiment. This provided an unusual opportunity for the new ZKM building to make a particularly striking urban and architectural impression. When Rem Koolhaas's design was chosen it seemed as though that opportunity was to be seized in a spectacular fashion: Koolhaas tried to develop the concept of media architecture more systematically and vividly than any other competition

beispielhaft zu gestalten, ein Thema, von dem mittlerweile viele sprachen, doch kaum jemand eine rechte Vorstellung hatte. Zum Experimentierfeld war ein exponiertes Areal in unmittelbarer südlicher Nachbarschaft des Karlsruher Hauptbahnhofs bestimmt worden, das die ungewöhnliche Chance bot, mit dem Neubau des ZKM ein einprägsames städtebauliches und architektonisches Zeichen zu setzen. Mit der Entscheidung für den Entwurf von Rem Koolhaas schien diese Chance in spektakulärer Weise genutzt werden zu können. Denn programmatischer und anschaulicher als alle anderen Wettbewerbsteilnehmer hatte Koolhaas den Versuch unternommen, das Konzept einer Medienarchitektur zu entwickeln. Koolhaas hatte das »Mediale« nicht nur im Sinne der Vermittlung real-räumlicher Kommunikationsstrukturen thematisiert, was die Bahnhofssituation als Schnittstelle unterschiedlicher kommunikativer Beziehungen zuallererst nahelegte und in den meisten anderen Wettbewerbsbeiträgen auch betont wurde. Seine zentrale Idee war es gewesen, »über die Adaption bloßer filmischer Vorstellungen hinaus ... die Fassaden seines Würfels zu elektronisch bestückten Trägern multimedialer Botschaften zu machen«.[5] Diese »Fassaden« wären so auf symbolische Weise zum Medium jenes Transformationsprozesses geworden, der in den langsam verschwindenden Übergängen und Überblendungen öffentlicher und privater, äußerer und innerer, realer und virtueller Raumerfahrungen liegt. Koolhaas wollte dies vor allem über die mehrschichtigen, transluziden Membranen seiner gläsernen Würfelfassaden realisieren. In der Überlagerung des Rampen- und Treppensystems mit den digitalen Informations- und Kunstprojektionen sollten sie zu Schnittstellen zwischen realen und virtuellen Raumerfahrungen werden.

Auf diese Weise hätte ein Stück Architektur entstehen können, daß nicht nur der Stadt eine prägnante Eingangssituation verschafft, sondern vor allem einen exemplarischen Beitrag zum Thema Medienarchitektur geleistet hätte. Das wäre umso spannender geworden, als das Thema zwar viele Architekten beschäftigt, das Phänomen dieser sogenannten Medienarchitektur insgesamt aber noch reichlich verschwommen ist.

Die Auseinandersetzung zwischen Architektur- und Medientechnologie geht ja längst über die bloße Instrumentierung des Computers als digitales Entwurfs- und Planungswerkzeug hinaus. Der experimentelle Dialog zwischen Konstruktions-, Material- und Imaginationstechnologie hat sich nicht zuletzt im virtuellen Labor des Cyberspace ein Experimentierterrain von schwer zu bestimmenden Ausmaßen erobert.

Die meisten der Architekturprojekte, die unter dem Schlagwort »Medienarchitektur« die Transformierung architektonischer Ordnungen in reale, aber medial besetzte räumliche Systeme und Strukturen versuchen, markieren allerdings noch jenes frühe Stadium des Experimentierens, in dem sich vor allem bei den gebauten Versuchen noch kaum wirklich überzeugende Lösungen entdecken lassen. Der von Max Frisch in Kenntnis des ureigensten Dilemmas der Architektur beklagte »Hohn der Verwirklichung«, der als pragmatische Anverwandlung der Idee auf dem Boden der sogenannten Tatsachen die Vision des Entwurfs relativiert und den Architekten frustriert, mag einer der Gründe dafür sein. Vor allem aber hat es wohl damit zu tun, das in der an den Stadt- bzw. Straßenraum gebundenen Architektur die mediale Besetzung der Fas-

sade vor allem von ihrer kommerziellen Funktionalisierung als Werbeträger geprägt ist – womit sich die nicht zuletzt von Robert Venturi formulierte und nun auch schon Geschichte gewordene, Provokation des »Learning from Las Vegas« einmal mehr bewahrheitet hätte. Denn ob als vielschichtige Werbe- bzw. Informationsmembrane, als transitorische Schnittstelle unterschiedlicher Raumbeziehungen und -qualitäten, die Ideen einer Medienarchitektur werden selten so konsequent realisiert, wie sie geplant worden sind. Man denke nur an Jean Nouvels ambitionierte Berliner Dependance der Galeries Lafayette an der Friedrichstraße: Die luziden Qualitäten seiner äußeren Glashaut waren rasch von einer Patina der zähligebigen Ausdünstungen des großstädtischen Subklimas überzogen, und weder bei Tag noch recht eigentlich in nächtlicher Illumination kommen die optisch-visuellen Gestaltungsmöglichkeiten zum Tragen. Was blieb, sind digitalisierte Werbeinschriften, die als Endlosbänder über die Fassaden schleifen.

Auch der prismatisch reflektierende Spiegelglaskegel im Inneren ist eine eher zaghafte, fast atavistisch anmutende Adaption medialer Inszenierungen, erschöpfen sich doch ihre Sensationen auf den kaleidoskopischen Illusionismus der sich in wechselseitigen Spiegelungen auflösenden Räume. Verläßlicher ist da die aus den avancierten Möglichkeiten heutiger Glastechnologie entwickelte dreidimensionale Referenz an die farbige Glaskuppel der zentralen Galerie des historischen Pariser Ursprungshauses.

Der Sache etwas näher kommt die von Christian Möller für Rüdiger Kramm entwickelte Fassade der Frankfurter Ladengalerie les facettes. Sie stellt den Versuch dar, eine hochsensible Projektionsfläche zu schaffen für eine »interaktive Übermittlung medialer Botschaften«, die über die kommerzielle Funktionalisierung der Fassade als Werbedisplay hinausgeht und zum Beispiel für künstlerische Gestaltungen und Experimente genutzt werden kann.

Koolhaas konnte da mit seinem Projekt für das ZKM als einer kulturellen, künstlerisch avancierten Institution einen ganzen Schritt weitergehen. Und seine Idee, die einerseits an reale und andererseits an virtuelle Bewegungen gebundenen Kommunikations- und Informationsstrukturen einander zu überblenden, gibt der Sache schon eine gewisse paradigmatische Anschaulichkeit.

Eines wird bereits bei diesen wenigen Beispielen, die durch Projekte wie Toyo Itos »Turm der Winde« oder Jean Nouvels spekatakulärem Entwurf für ein Hochhaus in Paris ergänzt werden könnten, deutlich: Die Bedeutung der Entwicklung der Glas- und Spiegelglasarchitektur, der mit Mies van der Rohes Projekt für ein Hochhaus an der Berliner Friedrichstraße eine Art Archetypus beschert worden war, spielt eine große Rolle in den heutigen Konzeptionen medial-orientierter Architekturkonzeptionen. Und auch wenn die Glas- und Spiegelglasfassaden, die vor allem seit den späten 60er Jahren Konjunktur hatten und längst zum banalen Versatzstück der modernen Stadt verkommen sind, die vertrauten Raumgrenzen mit ihren trivialen Spiegelungen ihrer trivialen Umgebungen nur scheinbar aufheben, so haben sie doch einmal ansatzweise die Vorstellung enthalten, eine Illusion zu erzeugen und den festgefügten »steinernen« Stadtraum aufzuheben: Mittels jenes Zuwachses an Perspektive, der sich, wie es Sybille Crämer formuliert hat,[6] dem Umstand ver-

4. Ludwig Mies van der Rohe, Hochhaus am Bahnhof Friedrichstraße, Berlin, 1922, Projekt.
5. Toyo Ito, »Turm der Winde«, Yokohama, 1986. (Photo: Tomio Ohashi.)
6. Rem Koolhaas, Zentrum für Kunst und Medientechnologie, Karlsruhe, 1989, Projekt. (Photo: Hans-Georg Böhler.)

4. Ludwig Mies van der Rohe, office building in Friedrichstraße, Berlin, 1922, project.
5. Toyo Ito, »Tower of the Winds«, Yokohama, 1986. (Photo: Tomio Ohashi.)
6. Rem Koolhaas, Zentrum für Kunst und Medientechnologie, Karlsruhe, 1989, project. (Photo: Hans-Georg Böhler.)

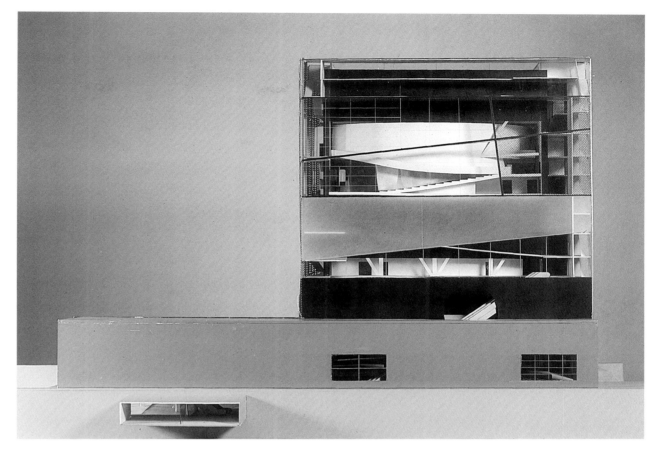

entrant. He had addressed the »media« element not just in terms of conveying real and spatial communication structures. This was suggested by proximity to the station, as an interface for a whole range of communicative links, and was also brought out in most of the other competition entries. But Koolhaas took the idea further: he was keen to »to go beyond adapting merely filmic ideas ..., and make the façades of his cube into electronically equipped carriers of multi-media messages«.[5] Thus these »façades« were to have become, symbolically, a medium for the transformation process that lies in the slowly disappearing transitions and fades between public and private, external and internal, real and virtual experiences of space. Koolhaas wanted to achieve this above all through the multi-layered, translucent membranes of his glass cube's façades. They were to become interfaces between real and virtual spatial experiences by overlapping the ramp and staircase system with the digital information and art projections.

This could have produced a piece of architecture that would certainly have created an imaginative gateway to Karlsruhe, but would above all have made an exemplary contribution to the subject of media architecture. It would have even more exciting, in that the subject interests a lot of architects, but the phenomenon of so-called media architecture has become exceedingly blurred in general terms.

Of course the debate between architecture and media technology goes well beyond merely using the computer as a digital design and planning tool. To say the least, the experimental dialogue between the technologies of construction, materials and imagination has carved out a experimental terrain whose dimensions are hard to determine in the virtual Cyberspace laboratory.

But most of the architectural projects that attempt to transform architectural orders into real systems and structures that happen to be occupied by the media, under the slogan »media architecture«, still suggest an early stage of experimentation; scarcely any really convincing solutions have been found, in the built experiments anyway. Max Frisch, aware of architecture's particular dilemma, complained about the »scorn of realization«, and this could be one of the reasons for failure: Frisch's notion suggests that the vision of the design is relativized and the architect is frustrated when the idea is pragmatically transformed by confronting the so-called facts. But it has probably above all something to do with the fact that in architecture that is tied to urban or street space, any media occupation of the façade is determined above all by its commercial function as a vehicle for advertising – which would be yet another demonstration of the provocative notion »Learning from Las Vegas«, first formulated by Robert Venturi, and now an accepted concept. In fact the ideas of media architecture are rarely realized as consistently as they are planned, whether as multi-layered advertising or information membranes, or as a transitory interface for different spatial connections and qualities. One has only to think of Jean Nouvel's ambitious Berlin branch of Galeries Lafayette in Friedrichstraße: the lucid qualities of his exterior glass skin were rapidly covered over by the hardy exhalations of the metropolitan subclimate, and neither during the day nor, if we are honest, even when illuminated at night do the visual design possibilities make their full impact. What remained were digitalized advertising slogans, running across the façades in continuous bands.

And the prismatic, mirrored cone in the interior is something of a hesitant, seemingly almost atavistic

dankt, daß Spiegelbilder virtuell sind, insofern sie dem, was gespiegelt wird, einen illusorischen Ort hinter der Spiegelfläche verschaffen. Das Thema der Glas- und Spiegelarchitektur ist ein genuines, fast archetypisches Thema der Moderne: »aus zwei übereinanderkopierten fotos (negativ) entsteht die illusion räumlicher durchdringung, wie die nächste generation sie erst – als glasarchitektur – in der wirklichkeit erleben wird ... innen und außen durchdringen einander in der spiegelung der fenster. das auseinanderhalten der beiden ist nicht mehr möglich. die masse der wand, woran alles ›außen‹ bisher zerbrach, hat sich aufgelöst und läßt die umgebung in das gebäude fließen.«[7] Mit diesen Kommentaren hatte Laszlo Moholy-Nagy die 1929 auf der Internationalen Werkbundausstellung »Film und Foto« in Stuttgart gezeigte Photographie des Niederländers Jan Kamman, auf der die negativ übersetzte Ineinanderspiegelung eines traditionellen holländischen Giebelhauses in der Glasfassade der brandneuen Tabakfabrik van Nelle von Brinkman und van der Vlugt zu sehen ist, und das Photo der Fassade des Werkstatt-Traktes des Dessauer Bauhauses von Lux Feininger versehen.

Den auf analogen Spiegelbildern oder Licht beruhenden »Illususionismus« der frühen Glasfassaden haben die Experimente zeitgenössischer Medienarchitekturen, in denen die (vielschichtigen) Glasfassaden zu elektronisch bestückten und bespielten Projektionsflächen medial inszenierter Botschaften und Ereignisse werden, abgelöst.

Dieses Instrumentariums haben sich die Architekten des ZKM allerdings bestenfalls ansatzweise bedient, als sei es ihnen – jenseits der finanziellen Beschränkungen, die die medienarchitektonischen Experimente im Schatten der gewaltigen Altbausanierung zu digitalen Aperçus schrumpfen ließen – ganz bewußt mehr um eine behutsame, kontemplative und gewissermaßen konservative Annäherung an eine Thematik gegangen, deren Szenarium jenseits seiner funktionell-instrumentellen Möglichkeiten ja nicht nur faszinierend ist. Denn schließlich wird das Potential zukünftiger Raumerfindungen und befremdender Erfahrungen und Wahrnehmungen, die tradierte Raumvorstellungen nicht nur auf den Kopf stellen, sondern ihnen mehr und mehr ihre faktisch sichtbaren und haptisch erfahrbaren Grenzbestimmungen entziehen könnten, auch und vor allem als bedrohlich empfunden.

So haben sich die Bauherren und Initiatoren des ZKM auf der einen Seite um eine einmalige Chance gebracht. Denn zu einem Exponat, einer symbolischen Repräsentation seiner selbst, wie es einst der eine oder andere Museumsneubau der 80er Jahre geworden ist, hat es das ZKM als architektonisches Dokument nicht gebracht. Doch vielleicht ist das besser so. Die Architekten haben so auf eine frühzeitige Festlegung, eine symbolische Repräsentation einer an sich völlig offenen, in der Entwicklung begriffenen Situation verzichtet, und die Bedeutung des ZKM als Ort, wo die Projektionen, Visionen und Szenarien einer noch zu entwickelnden Zukunft entworfen, ausgelotet und zur Diskussion gestellt werden, bleibt unbeeinträchtigt von den proklamatorischen Absichten einer wie auch immer gearteten Medienarchitektur. Vor diesem Hintergrund war die Aufgabe, ein Bauwerk, das in seinem Äußeren von statischer Monumentalität bestimmt wird und das deshalb dem transitorischen Gestus der Medienarchitektur diametral entgegengesetzt ist, in ein

Gehäuse zu verwandeln, das die avanciertesten Technologien den kulturellen und künstlerischen Experimenten zugänglich machen soll, auch eine besonders reizvolle, weil in ihr der Widerspruch zwischen beruhigend Vertrautem und Ungewohntem besonders offensichtlich wurde. Und der Hallenbau A ist in der Tat ein »starkes Stück« Industriearchitekturgeschichte.

Seine ungewöhnliche Form hat der Bau seiner ursprünglichen Funktion zu verdanken: Während des Ersten Weltkriegs geplant und knapp vor seinem Ende fertiggestellt, diente er der Herstellung von Patronenhülsen und Munition.

Der 1914 mit der Planung und Realisierung der neuen Produktionsanlage für die DWM (Deutsche Waffen- und Munitionsfabriken) beauftragte Architekt Philipp Jakob Manz (1861–1936) hatte sich schon frühzeitig auf den Industriebau spezialisiert. Um die Jahrhundertwende (1898–1912) errichtete er in Heidenheim ein ganzes Ensemble aus unterschiedlichen Fabrikbauten, Sozialeinrichtungen (inkl. Hallenbad) und einer Arbeitersiedlung für die Württembergische Cattunmanufaktur. Es folgten die Zeppelinwerft in Friedrichshafen (1910), ein Automobilwerk im österreichischen Steyr (1913–15), eine Fabrikanlage für die Firma Junghans in Schramberg (1914–19) sowie die Automobilfabrik A.G. in Wien (1916/17), die große formale Gemeinsamkeiten mit dem Karlsruher Hallenbau aufweist.[8]

Doch trotz einer ansehnlichen Reihe großformatiger Industriebauten gehörte Manz kaum zu jenen Architekten, denen es darum ging, die Architekturgeschichte neu bzw. maßgeblich weiter zu schreiben, auch nicht am Beispiel einer Bauaufgabe, die gerade in dieser Zeit ihre bautypologische Eigenständigkeit in ebenso programmatischen wie spektakulären Beispielen zu demonstrieren begann: So etwa Peter Behrens, dessen um 1910 für die AEG in Berlin entstandene Bauten, allen voran die Turbinenhalle, um die architektonische Würde und Eigenständigkeit dieser nicht mehr ganz neuen, aber architektonisch ziemlich nachlässig behandelten Bauaufgabe rangen und darüber hinaus programmatisch die unverwechselbare Physiognomie eines Konzerns postulierten. Oder Walter Gropius und Adolf Meyer, die mit dem zur selben Zeit in Alfeld an der Leine errichteten Büro- und Werkstattgebäude für die Faguswerke der Industriearchitektur einen Prototyp bescherten, der nicht nur die architektonischen Aussagen von Behrens und deren monumentalisierenden Gestus in Frage stellte, sondern auch zur weitaus folgenreicheren Manifestation der sich durchsetzenden architektonischen Industriekultur wurde.

Anders als Behrens oder Gropius und Meyer paßte Manz die Physiognomie seiner Bauten den Wechselfällen ihrer funktionalen und auch ihrer politischen Bestimmung an und bezog sich auf einen pragmatisch anverwandelten Neoklassizismus als Mittel zum Zweck. Um die Erfindung gültiger Formen ging es ihm nicht. Entfernt wird man vielleicht an das Werk von Josef Hoffmann erinnert, dessen Bauten Manz in Wien, wo er 1905 eine Bürodependance eröffnet hatte, kennengelernt haben mag. Hoffmanns österreichischer Pavillon auf der Kölner Werkbundausstellung hatte – wenn auch in viel diskutierter Weise – die monumentalisierende Versachlichung klassizistischer Formelemente vorgeführt, die Heinrich Tessenow in noch reduzierterer und konsequenterer Weise bei sei-

7. Philipp Jakob Manz, Gräf & Stift Automobilfabirk A.G., Wien, 1916/17. (Aus: Manfred Wehdorn und Ute Georgeacopol-Winschhofer, *Baudenkmäler der Technik und Industrie in Österreich*, Bd. 1: *Wien*, Köln und Graz 1984.)
8. Philipp Jakob Manz, Fabrikanlage der Firma Junghans, Schramberg, 1914–19. (Aus: Gustav Adolf Platz, *Die Baukunst der Neuesten Zeit*, Berlin 1927.)

7. Philipp Jakob Manz, Gräf & Stift Automobilfabrik A.G., Vienna, 1916/17. (From: Manfred Wehdorn and Ute Georgeacopol-Winschhofer, *Baudenkmäler der Technik und Industrie in Österreich*, vol. 1: *Wien*, Cologne and Graz, 1984.)
8. Philipp Jakob Manz, factory plant of the firm of Junghans, Schramberg, 1914–19. (From: Gustav Adolf Platz, *Die Baukunst der Neuesten Zeit*, Berlin, 1927.)

9. Peter Behrens, Turbinenfabrik der AEG, Berlin, 1908. (Photo: Bildarchiv Foto Marburg.)
10. Peter Behrens, Kleinmotorenfabrik der AEG, Berlin, 1911. (Photo: Bildarchiv Foto Marburg.)

9. Peter Behrens, turbine factory of AEG, Berlin, 1908. (Photo: Bildarchiv Foto Marburg.)
10. Peter Behrens, factory for small motors of AEG, Berlin, 1911. (Photo: Bildarchiv Foto Marburg.)

adaptation of media staging, as its sensations are exhausted in the kaleidoscopic illusionism of the spaces, which take over from each other in mutual reflection. More reliable here is the three-dimensional reference, developed by courtesy of current glass technology, to the coloured glass dome in the central gallery of the historic original store in Paris.

The façade by Christian Müller for Rüdiger Kramm's les facettes shopping gallery in Frankfurt comes rather closer to the matter. This is an attempt to create a highly sensitive projection surface for an »interactive transmission of media messages«, which goes beyond the commercial functionality of the façade as an advertising display, which can be used for artistic creations and experiments, for example.

Koolhaas was able to go a whole step further with his project for the ZKM as a cultural, artistically advanced institution. And his idea of cross-fading communications and information structures, some tied to real and some to virtual movements, gives his approach some of the vivid quality of a paradigm.

One thing is already clear from these few examples, to which one could add projects like Toyo Ito's »Tower of the Winds« or Jean Nouvel's spectacular design for a high-rise building in Paris: architecture using glass and reflecting glass, of which Mies van der Rohe's project for a skyscraper in Friedrichstraße in Berlin became an archetype, is a development that plays a large part in current, media-oriented architecture concepts. Glass and mirror-glass façades had their heyday from the late 60s onwards. They have long since declined into banal set-pieces in the modern city, seeming only to cancel out familiar spatial boundaries with their trivial reflections of trivial surroundings. However, there was a time when they showed signs of including the idea of creating an illusion and dissolving firmly established »stone« urban space: they do this by an increasing perspective, which comes about, as Sybille Crämer put it,[6] because reflections are virtual to the extent that they create an illusory place behind the mirror surface for the thing that is reflected. The subject of glass and mirror architecture is a genuine, almost archetypal theme of Modernism: »two photographs (negatives) copied one on top of the other produce an illusion of spatial penetration, of the kind that the next generation will be the first to experience in reality – as glass architecture ... interior and exterior will mingle in the reflections of the windows. it is no longer possible to keep the two apart. the mass of the wall, which previously smashed up everything ›outside‹, has dissolved, and allowed the surroundings to flow into the building.«[7] Laszlo Moholy-Nagy made these remarks in 1929 in the context of the International Werkbund Exhibition »Film und Foto« in Stuttgart. They referred to a photograph by a Dutchman called Jan Kamman, showing a negative reflection of a traditional Dutch gabled building in the glass façade of the brand-new van Nelle tobacco factory by Brinkmann and van der Vlugt, and also to Lux Feininger's photograph of the Dessau Bauhaus's workshop wing façade.

Experiments in contemporary media architecture, in which the (multilayered) glass façades become electronically equipped and run projection surfaces for medially staged messages and events have replaced the »illusionism« of early glass façades, which was based on analogue reflections or light.

But the ZKM architects have at best used this set of instruments only to a limited extent. Beyond the financial limitations, which shrank the media experiments to mere digital aperçus in the shadow of the enormous project for refurbishing the old building, it seems as though they were quite consciously more concerned with a careful, contemplative and to an extent conservative approach to a set of themes that are definitely not only a fascinating scenario, despite the functional and experimental opportunities they offer. After all, the potential of future spatial inventions and strange-seeming experiences and perceptions is also and above all seen as threatening: they do not just stand traditional ideas of space on their heads, but could increasingly find ways of withdrawing their actually visible and tangible boundaries.

And so the people who commissioned and initiated the ZKM could be said to have missed a unique opportunity: as an architectural document, the ZKM has not managed to achieve the status of an exhibit, a symbolic representation of itself, which did happen to some of the new museum buildings in the 80s. But perhaps it is better like that. It means that the architects have avoided being pinned down too soon, have avoided a symbolic representation of a situation that is fully open as such, and still in the process of development. The ZKM is important as a place where the projections, visions and scenarios of a future that has still to be developed can be designed, thoroughly explored and put up for discussion, and this role now remains untarnished by the proclamatory intentions of media architecture, of whatever kind it may be. This made the task of transforming the building a particularly attractive one: its most striking exterior quality is its static monumentality, something diametrically opposed to the transitory gestures of media architecture. Thus turning it into a container intended to make the most advanced technology accessible to cultural and artistic experiments was appealing, because it made the contradiction between the reassuringly familiar and the unusual particularly obvious. And Hall A actually is a »bit much« as an item of industrial architectural history.

The building owes its unusual form to its original function: it was planned during the First World War and completed shortly before it ended, and was used for the manufacture of cartridge cases and ammunition.

Philipp Jakob Manz (1861–1936) who was commissioned in 1914 to design and build a new production plant for DWM (Deutsche Waffen- und Munitionsfabriken), had specialized in industrial building at an early age. Around the turn of the century (1898–1912) he built a whole ensemble of different factories, social facilities (including an indoor swimming-bath) and a workers' estate for the Württembergische Cattunmanufaktur in Heidenheim. These were followed by the Zeppelin hangar in Friedrichshafen (1910), a car factory in Steyr in Austria (1913–15), a factory plant for the firm of Junghans in Schramberg (1914–19) and the Automobilfabrik A.G. in Vienna (1916/17). This last has a great deal in common with the building in Karlsruhe [8]

But despite having a series of handsome, large-scale industrial buildings to his credit, Manz was scarcely the kind of architect who was interested in rewriting or at least significantly adding to the history of architecture. He was not even likely to be inspired

nem 1910/11 in der Gartenstadt Hellerau realisierten Jacques-Dalcroze-Institut weitertrieb.

Die von Manz seit 1891 realisierten Bauten lassen eher getreulich den Zeitgeist Revue passieren, den er erst neoromantisch, dann neoklassizistisch und schließlich moderat modern den von ihm zu lösenden Bauaufgaben anverwandelte. Dennoch gibt es einige Charakteristka zu entdecken, ein paar Grundmotive zu verfolgen, die Vorlieben und Anliegen des Architekten Manz repräsentieren: seine Art des Umgangs mit einer durch lisenenartige Wandvorlagen hervorgehobenen vertikalen Gliederung zum Beispiel, der die horizontalen Strukturen mehr oder weniger eindeutig untergeordnet sind oder seine Vorliebe für aufgesetzte Dachtürmchen, dezent aber wirkungsvoll hervortretende Risalite, vor allem aber – und das demonstriert der Karlsruher Hallenbau wohl am eindrucksvollsten – eine »optimale Ausleuchtung des Inneren«[9]. Diese hatte auch zu der bemerkenswerten Architektur der Schramberger Uhrenfabrik geführt: Die abgetreppte Anordnung der an einem steilen Hang gelegenen Bauvolumen ermöglichte eine optimale Belichtung der Arbeitsplätze und bescherte dem Bau trotz seiner neoklassizistischen Grundhaltung eine Funktionalität, der er vermutlich die Aufnahme in das 1927 von Gustav Adolf Platz für die Propyläen-Kunstgeschichte zusammengestellte Kompendium *Baukunst unserer Zeit* verdankte.

Auf die reine Funktion hatte sich Manz indessen auch in Karlsruhe nicht beschränkt. Und mehr als bei allen seinen anderen hier angeführten Bauten dieser Zeit pointierte er den repräsentativen Gestus, der dem von ihm verwendeten Formenrepertoire anhaftet. Schon die Baumasse des langgestreckten, dreigeschossigen Riegels ist imposant, doch dramatisiert wird sie durch das Spannungsverhältnis seiner auf wenige ebenso reduzierte wie eine strenge formale Dynamik erzeugenden Bauelemente, die vor allem die der Stadt zugewandte Ostfassade betonen: Über drei Geschosse hochgezogene, jeweils eine Fensterachse einfassende lisenenartige Wandstreifen betonen das vertikale Wandprofil in rhythmischem Stakkato. Gleichzeitig verbinden sich die auf Achsenbreite gelagerten und kleinteilig versprossten Fensterflächen zu einer üppigen horizontalen Durchlichtung, die die Wandflächen fast vollständig auflösen.

Die hochaufgerichtete Reihung der sechs steilen Risalite, die die langgestreckten Mansarddächer mit regelmäßigen Dreiecksgiebeln durchstoßen, erzeugt ein monumentales Gleichmaß, einen repräsentativen Gestus, der allerdings weit über das hinausgeht, was Manz sich bei seinen übrigen Industriebauten erlaubte. Denn hier ging es auch um eine architektonische Proklamation – schließlich war die DWM der größte Munitionshersteller der deutschen Reiches.

Die Renovierung und Umfunktionierung haben dem nun sandfarben verputzen Bau trotz seiner militärischen Strenge und imperialen Attidüde, die sich in dem stark profilierten Aufmarschstakkato der Giebel, Risalite und Lisenen manifestiert, zu einer Art freundlichen Würde verholfen. Sie läßt kaum noch ahnen, daß der Hallenbau nicht nur als Produktionsstätte von Patronenhülsen und Munition, sondern auch als erzwungener Arbeitsplatz von Tausenden von Zwangsarbeitern diente, die während des Zweiten Weltkriegs in Karlsruhe versklavt, geschunden und nicht selten zu Tode gebracht wurden. Der an der

Hochschule für Gestaltung entstandene Dokumentarfilm *Patronenwald* von Sebastian Drost und die dazu erschienene Textdokumentation zeigen dies in eindrucksvoller Weise.[10] Am Bau selbst hat die Geschichte keine sichtbaren Spuren mehr hinterlassen. Die neben dem östlichen Haupteingang plazierte Gedenktafel ist nur ein eher unbeholfener Versuch, die Erinnerung an die ehemals ergangenen Greuel wachzuhalten.

Im Umgang mit der Altbausubstanz haben die Architekten vor allem bei der Sanierung seines Äußeren größte Zurückhaltung geübt. Hier sind die baulichen Ergänzungen angesichts der räumlichen und flächenmäßigen Opulenz des Inneren auf ein Minimum reduziert. Unmittelbare Eingriffe in die Bausubstanz waren für die Eingänge nötig, die für Hochschule, Städtische Galerie und ZKM die Mauerflächen auf Achsenbreite über zwei Geschosse großflächig aufbrechen, ohne jedoch die vertikale Gliederung anzutasten. Sie sind auf die Straßenzüge bezogen, die auf die Gebäudeflanken zustreben und sollen dazu beitragen, die durch den Hallenbau geschaffene Riegelsituation aufzulösen und durchlässig zu machen, um die diesseits und jenseits des Hallenbaus liegenden Teile der Stadt miteinander zu verbinden.

Zur charakteristischsten Zutat ist der Kubus geraten, dessen illuminiertes Blau vor allem Nachts seine ätherische Leuchtkraft entfaltet. Die vorgesetzten Feuertreppen entlang der Lorenzstraße und der gläserne Eingangsturm an der südlichen Schmalseite der Städtischen Galerie setzen darüber hinaus der noch unter den Putzgliederungen verborgenen konstruktiven Logik des Stahlbetonbaus des frühen die offene, formal schon wieder dramatisierte Stahlkonstruktion des ausgehenden 20. Jahrhunderts entgegen.

Man kann sich zu den historischen Vorgaben stellen, wie man will, man kann sie – die zahlreichen Beispiele, die es mittlerweile gibt, führen das anschaulich vor Augen – dekonstruieren oder camouflieren. Doch im Falle des Karlsruher Hallenbaus lag eines nahe: Der gleichermaßen monumentale wie weitläufig-offene Gestus mußte aufgegriffen und zum Ausgangspunkt aller die Umnutzung betreffenden architektonischen und funktionalen Überlegungen gemacht werden. Die Architekten haben dies begriffen. Sie haben die Begegnung zwischen den räumlichen Eigenarten der historischen Bausubstanz und den innovativen Aufgaben und Inhalten des ZKM als ein Spannungsverhältnis inszeniert. Die realen Räumlichkeiten werden in ihrem transitorisch-sequentiellen Charakter ausgelotet und mit den Einblicken in die Vorstellungsräume moderner Bilder-Welten in Beziehung gesetzt, um so die Entwicklung räumlicher Wahrnehmung im 20. Jahrhundert erfahrbar zu machen.

Das Hauptthema der vorgefundenen Architektur ist die Bewegung als Moment der visuell und körperlich erlebbaren Durchdringung eines weitläufigen, perspektivenreich und vielschichtig sich entwickelnden Raumes. Das Stichwort heißt »Durchwegung«, als urbanes Prinzip eines räumliche Verbindungen und atmosphärische Verbindlichkeiten entwickelnden Umgangs mit der Architektur, sei es als einzelnes Gebäude, sei es als Stadt. Für Peter Schweger ist das ein zentrales Motiv, das seine Arbeit seit seinen Anfängen Mitte der 60er Jahre unabhängig von den engeren Funktionsbestimmungen individueller architektonischer Nutzungen bestimmt hat. Es funktioniert im Innenraum

in this way by a commission to create a building of a type that was starting to assert its independence precisely at this time. Examples of this were as precisely targeted as they were spectacular: Take Peter Behrens whose buildings erected around 1910 for AEG in Berlin, above all the turbine hall, were fighting to gain architectural dignity and independence for this type of commission, which was no longer completely new, but had been treated somewhat carelessly in architectural terms. Behrens took things even further to make propagating a concern's unmistakable physiognomy into a central issue. Or take Walter Gropius and Adolf Meyer, who at the same time gave industrial architecture a prototype in the form of the office and workshop building for the Fagus factory in Alfeld an der Leine that not only questioned Behrens's architectural statements and their tendency towards monumentalization, but also became a much more momentous manifestation of the architectural culture of industry that was becoming generally accepted.

Unlike Behrens or Gropius and Meyer, Manz adapted the physiognomy of his buildings to the vicissitudes of their function and political purpose, and used a pragmatically transformed Neo-Classicism as a means to an end. He was not interested in inventing valid forms. There are perhaps distant reminiscences of the work of Josef Hoffmann, whose buildings Manz may have seen, as he opened a branch office there in 1905. Hoffmann's Austrian pavilion at the Cologne Werkbund exhibition had demonstrated – though in a much more independent way – how Neo-Classical formal elements can be monumentalized and made more objective, a course pursued by Heinrich Tessenow in an even more reduced and consistent way in his Jacques-Dalcroze-Institut, built in the garden city of Hellerau in 1910/11.

The buildings Manz realized from 1891 onwards are much more inclined towards faithfully reviewing the spirit of the times, which he applied to his commissions first Neo-Romantically, then Neo-Classically and finally with a kind of moderate Modernism. And yet there are some characteristics to be discovered, a few basic motifs to be pursued, that represent Manz's preferences and interests as an architect: his way of handling vertical articulation emphasized by strip-like wall projections, for example, which are more or less unambiguously subordinated to the horizontal structures, or his preference for adding roof turrets, ressauts projecting decently but effectively, but above all – and the Karlsruhe hall probably demonstrates this most impressively – »the best possible interior illumination«[9]. This also led to the remarkable architecture of the Schramberg watch factory: the stepped arrangement of the building volumes on the steep slope made it possible to provide the maximum amount of light for the workplaces and gave the building, despite its basic Neo-Classicism, a functional quality to which it presumably owes its appearance in the compendium *Baukunst unserer Zeit*, compiled by Gustav Adolf Platz for the Propyläen history of art in 1927.

Manz had not restricted himself to mere function in Karlsruhe either. More than in any of the other buildings listed here he pointed up the prestigious sweep attached to the formal repertoire that he used. The sheer mass of the long, three-storey building is impressive, but it is dramatized by the state of tension between his structural elements, which are reduced

to a minimum and produce an austere formal dynamic, emphasizing above all the east façade, which faces the town: strip-like walls projections, rising through three storeys and, each framing one window axis, emphasize the vertical wall profile in rhythmic staccato. At the same time the windows, mounted on the breadth of the axis and intricately barred, combine to produce abundant horizontal lighting, almost dissolving the surface of the walls.

The erect accumulation of six steep ressauts that thrust through the long mansard roofs with regular triangular gables produces a monumental evenness, a prestigious sweep that goes well beyond anything that Manz allowed himself in his other industrial buildings. For this is an architectural proclamation – when all was said and done, DWM was the biggest ammunition manufacturer in the German empire.

Renovation and conversion have given the building, now rendered in a sandy colour, a sort of kindly dignity, despite its military severity and imperial attitude, manifest in the strongly profiled parade-ground staccato of the gables, ressauts and pilaster strips. There is scarcely a hint of the fact that the hall building served not only to produce cartridge cases and ammunition, but was also a compulsory workplace for thousands of forced labourers who were enslaved, maltreated and not infrequently killed in Karlsruhe during the Second World War. The documentary film *Patronenwald*, made at the Hochschule für Gestaltung by Sebastian Drost, and the written records that accompanied it, show this in a very impressive way.[10] This story has left no visible traces on the building itself. The memorial tablet placed by the main entrance on the east side is just a somewhat clumsy attempt to keep the memory of this former horror alive.

The architects were particularly discreet in their handling of the old building stock when refurbishing its exterior. Here the structural additions are reduced to a minimum in view of the spatial opulence and expansive area of the interior. It was necessary to intervene directly to provide entrances for the Hochschule für Gestaltung, the Städtische Galerie and the ZKM. These open up a large area over two storeys in the breadth of an axis, but without impinging upon the vertical articulation. The entrances relate to the streets that thrust towards the flanks of the building and are intended to break down the monolithic situation created by the long hall and make it more permeable, reconnecting the parts of the town on either side of the building.

The cube has become the most emblematic addition. Its illuminated blue develops its ethereal luminosity after dark in particular. The fire escapes in front of the building on Lorenzstrasse and the glazed entrance tower on the southern, narrow side of the Städtische Galerie additionally confront the structural logic of the concrete building of the early 20th century, still hidden under the rendered articulation, with the steel construction of the late century, yet again dramatized formally.

You can take whatever attitude you like to existing historical material – the numerous examples that we already have show this very vividly – you can deconstruct it or camouflage it. But in the case of the hall in Karlsruhe one thing was clear from the outset: the statement it made, as monumental as it was wide open, had to be taken up and made into the starting

und in der Stadt, als Movens einer architektonischen Promenade, die sich nicht nur aus den fließenden, offenen Raumvorstellungen der Moderne fortschreibt, sondern auch und vor allem die geschlossenen Strukturen historischer Bausubstanzen öffnet, erweitert und ergänzt.

Angefangen hatte es schon 1965 mit einem Passagenkonzept, das Schweger damals noch in Bürogemeinschaft mit Heinz Graaf im Rahmen eines Wettbewerbs für Hamburger Innenstadtblöcke entwickelt hatte. Seine Fortsetzung fand es 1975 in der Erneuerung des Hamburger Kaufmannshofes: ein Projekt, das nicht nur den Dialog zwischen Alt und Neu als eine Wechselbeziehung kontrastierender Material- und Raumwirkungen auffaßte, sondern auch ein zentrales Motiv entwickelte, das immer wieder und in unzähligen Variationen zu einem Thema von Schwegersr architektonischen Arbeit werden sollte: die Passage als »urbaner Erlebnisraum«. Schon in diesem rund 20 Jahre früher realisierten Projekt tauchen – auch wenn sich die Formensprache entsprechend verändert hat – einige jener architektonischen Motive auf, die auch das ZKM und vor allem den zentralen Eingangsbereich prägen: das Zusammenspiel von Lichthöfen und Emporengeschossen, die Brücken, die den Raum durchqueren, das gefaltete, versprosste Glasdach, die Doppelfunktion als Ort des Verweilens und der Bewegung – Motive, die in zahlreichen weiteren Bauten variiert und modifiziert worden sind. So muß der Hallenbau in seiner offenen Raumstruktur den Architekten in geradezu idealer Weise entgegengekommen sein.[11]

Die Raum- und Lichtfülle der mit verglasten Sheddächern überspannten Lichthöfe, die sich in den unterschiedlichen Stadien des Ausbaus und den unterschiedlichen Nutzungen offenbart, wird zum Hauptereignis vor allem der Eingangssituation des ZKM. Das Foyer, das spiegelbildlich auch von der Westseite erschlossen wird, nimmt einen kompletten Lichthof ein. Korrespondierend zur äußeren Platzanlage bildet der passagenartige Innenraum einen großzügigen und lebendigen Ort der Begegnung. Hier sind die Kasse, das digitale Informationssystem, der Museumsladen und das Café untergebracht, hier konzentrieren sich die Zugänge zu den Museen, der Bibliothek und der Mediathek, den Instituten und der Verwaltung über Treppen, Brücken und offene Galerien. Von hier aus wird die funktionale Vielfalt erschlossen und die innere Wegebeziehung und kommunikative Struktur organisiert. Das Foyer ist das Zentrum einer urbanen Anordnung, die den Charakter des Hallenbaus in seinem Inneren und seine städtebauliche Einbindung in seine Umgebung begründen: Hier treffen sich die entlang eines ehemaligen Schienenstrangs geführte Längsachse, die sämtliche Institutionen untereinander verbindet, mit der durch das Foyer gelegten Querachse, die für die städtebauliche Durchlässigkeit sorgt.

Der Eingangslichthof des ZKM ist mehr als ein Museumsfoyer. Entstanden ist auch ein Ort, der eine Summe architektonischer und städtebaulicher Motive extemporiert und zur Geltung bringt, die die Arbeit von Schweger + Partner seit langem bestimmen.

Der Charakter der Lichthöfe ließ sich allerdings nicht überall so problemlos gestalten wie im Foyer. Denn so wirkungsvoll sich dieses Prinzip räumlicher Transparenz und Durchdringung für die urbane Dramaturgie des Gesamtbaus nutzen ließ, so viel schwieriger wurde es doch dort, wo es um die vielfältigen, vor allem die museologischen Funktionen ging.

Das Museum für Arbeit und Technik, dessen Unterbringung im Hallenbau kurzfristig erwogen worden war, ehe Ingeborg Kuhler den Bau in Mannheim realisieren konnte, hat gezeigt, wie problematisch es ist, ein offen inszeniertes Raumkontinuum als Museum zu bespielen. Andererseits ließ der Hallenbau massivere architektonische Eingriffe so wenig zu wie eine freie Komposition der Baukörper und Nutzungen. So haben sich die Architekten für ein Konzept der solitären Einbauten entschieden, die sich gegenüber der Altbausubstanz deutlich und selbstständig definieren.

Doch während sich die Büros und Labors, die Ateliers und Studios relativ problemlos in den Dachgeschossen und den teilweise geopferten Emporen und Umgängen unterbringen ließen, forderte die Besonderheit der in beiden Museen, vor allem aber im Medienmuseum präsentierten Exponate genau das Gegenteil dessen, was die opulente Lichtfülle und weitläufige Offenheit des Hallenbaus zu bieten hatte.

Das Museum für Neue Kunst nimmt das Erdgeschoß der Lichthöfe 8 und 9 ein. Während die Flächen unter den Emporengeschossen für Einbauten und Nischen genutzt wurden, konnte der Freiraum der Lichthöfe mit großformatigen Stellwänden gegliedert und bebaut werden, wie sie auch im Kunstmuseum Wolfsburg (1989–94), das als Neubau fast zeitgleich mit dem ZKM von Schweger + Partner realisiert wurde, verwendet werden. Für das Karlsruher Museum hätte man sie sich etwas einfühlsamer proportioniert gewünscht. Als Ausstellungssystem sind diese Stellwände offenbar trotz ihrer wuchtigen Abmessungen variabel genug, wie der erste vollzogene »Blickwechsel« auf die Sammlung des Museums gezeigt hat. Schwieriger war es, mit der über die Glasdächer hereinbrechenden Lichtfülle umzugehen. Diese Aufgabe, die die Architekten in Karlsruhe vorfanden, hatten sie sich in Wolfsburg selbst gestellt. Auch hier bildet eine große, hohe Ausstellungshalle das Zentrum des Museums. Bedeckt ist sie von einem gläsernen Dach, dessen Kassettierungen und Facettierungen das einfallende Tageslicht steuern und filtern und das durch ein System von Kunstlichtquellen überlagert, ergänzt und punktuell erweitert wird. In Karlsruhe sorgen verschiebbare Deckensegel für die nötige Abdunklung.

Auch in der Kombination von seitlich angelagerten Kabinetten weist die dort entwickelte Raumstruktur eine Verwandtschaft mit den Karlsruher Verhältnissen auf. Und so lassen sich die in Wolfsburg entwickelten Maßgaben auf die Raumverhältnisse der Museen des ZKM ohne weiteres dort übertragen, wo es um die Präsentation der »traditionellen« und vertrauten Bildmedien und Kunstgattungen geht: Werken der Malerei und Photographie, Skulptur, Objektkunst usw. Und auch die frühe Videoskulptur kann sich in einem solchen aus fließenden und stationären Räumlichkeiten kombinierten Raumzusammenhang behaupten. Ihr Eigensinn entfaltet sich zumeist im Dialog zwischen schon fast archetypischen medialen Versatzstücken wie dem Fernseher oder Videomonitor und einem plastisch arrangierten Environment. Ihre Wirkungen konzentrieren sich so nicht nur auf das, was auf der Bildschirmoberfläche bzw. der wie auch immer gearteten Projektion sichtbar wird. Sie fordern auch ein räumliches Rezeptionserlebnis.

point for all the architectural and functional considerations affecting the conversion. The architects understood this. They staged the encounter between the spatial idiosyncrasies of the historic building stock and the ZKM's innovative tasks and contents as a relationship of tensions. The transitory and sequential character of the real spaces is investigated in depth and then related to the insights into the imaginative spaces of modern image-worlds, so that the development of spatial perception in the 20th century can be laid open to experience.

The principal theme of the architecture as found is movement within an extensive space that is developing in rich perspectives and in many layers. This is an element of the way in which it is being penetrated that is open to experience, both visibly and physically. The key phrase here is »Durchwegung«, the provision of ways through the space, as an urban principle of dealing with architecture by developing spatial links and atmospheric commitment, whether this is in an individual building or a town. For Peter Schweger this is a central motif that has been crucial to his work since he started in the mid 60s, independently of the more restricted definition of functions for individual architectural uses. This applies to interiors and towns, as a driving force behind an architectural promenade that does not simply continue the fluent, open spatial notions of Modernism, but also and above all opens, extends and completes the closed structures of historic building stock.

This started as early as 1965 with an arcade concept that Schweger, still working in an office partnership with Heinz Graaf at the time, developed in a competition for inner-city blocks in Hamburg: a project that not only saw the dialogue between old and new as an interrelationship between contrasting material and spatial effects, but also as a central motif that was to recur constantly as a theme in Schweger's architectural work in countless variations: the arcade as a »space for urban experience«. Even in this project, realized about 20 years earlier, some of the architectural motifs crop up that are also key features of the ZKM and above all of the central entrance area – though the formal language has changed appropriately in the mean time: the interplay of atriums and gallery floors, the bridges that cut through the space, the folded, barred glass roof, the double function as a place in which to linger and to move – motifs that are varied and modified in numerous other buildings. Thus the open spatial structure of the hall must have been almost ideal for the architects.[11]

The abundance of space and light in the atriums with their glazed saw-tooth roofs, revealed in the various stages of conversion and the various uses, becomes the major event in the ZKM entrance hall in particular. The foyer, which has a mirror-image entrance on the western side, takes up one complete atrium. The arcade-like interior, corresponding with the urban square format outside, forms a generous and lively place in which to meet. It accommodates the box office, the digital information system, the museum shop and the café. This is where access via steps, bridges and open galleries to the museums, the library and media centre, the institutes and the offices is concentrated. This area opens up the full functional diversity of the place, and organizes the internal pathway patterns and communicative structure. The foyer

is the centre of an urban order that justifies the interior character of the hall and the way in which it is bound into its urban surroundings: here the longitudinal axis, running along a former set of railway lines and connecting all the institutions together, meets with the transverse axis through the foyer, which provides permeability to the urban context.

The ZKM's entrance atrium is more than a museum foyer. It is also a place that extemporizes on a totality of architectural and urban motifs that have characterized Schweger + Partner's work for a long time and shows them to their best advantage.

However, the character of the atriums could not always be handled with so few problems as was the case in the foyer. This principle of spatial transparency and penetration was enormously effective for controlling the urban dramaturgy of the building as whole, it was considerably more difficult where a range of functions had to be accommodated, particularly the needs of museums.

For a short time, thought was given to housing the Museum für Arbeit und Technik in the hall, before Ingeborg Kuhler realized the building in Mannheim. This showed how difficult it is to use an open spatial continuum as a museum. On the other hand the hall was just as resistant to more solid architectural interventions as it was to a free composition of building elements and uses. Thus the architects decided on a concept of inserted solitaires, which defined themselves clearly and independently in term of the old building stock.

But while the offices and laboratories, the studios and workshops could be accommodated relatively easily in the attics and galleries, some of which have been sacrificed, the special quality of the exhibits presented in the two museums, but especially in the media museum, required precisely the opposite of what the hall's opulent abundance of light and expansive openness had to offer.

The Museum für Neue Kunst occupies the ground floors of atriums 8 and 9. The areas under the galleries were used for fittings and niches, but the open space in the atriums could be structured and built up with large-format partitions, as used in the Wolfsburg Kunstmuseum (1989–94), a new building realized at almost the same time as a the ZKM. One could have wished for something rather more sympathetically proportioned for the Karlsruhe museum. These partitions, despite their bulkiness, are obviously variable enough, as the first »revision« of the museum collection has shown. It was more difficult to handle the abundance of light pouring in through the glass roofs. This problem was built in for the architects in Karlsruhe, but they created it for themselves in Wolfsburg. Here too the centre of the museum is a large, high exhibition hall. It is covered with a glass roof, coffered and faceted to control and filter the incident daylight, and overlaid, completed and extend in places by a system of artificial light sources. In Karlsruhe adjustable ceiling awnings provide the necessary light reduction.

The spatial structure developed in Wolfsburg also shows a relationship with the situation in Karlsruhe in the combination of small exhibition galleries placed at the sides. And so the solutions developed in Wolfsburg could easily be transferred to the ZKM museum spaces when presenting »traditional« and familiar pictorial media and artistic genres: painting, photography,

Ganz anders verhält es sich mit den Erzeugnissen der jüngeren Medienkunst, deren ureigenste Projektionsvorgänge das Dunkel brauchen, um sich selbst zu erhellen. Die Medienkunst hat »die Nacht in die Museen eingeführt«, und wenn das auch nicht ihr entscheidenstes Merkmal ist, so doch eines, das eine völlig anders geartete Raumkonzeption erforderlich macht, in der die optische und akustische Abschirmung zur Grundvoraussetzung der Präsentation gerät.

Der dreidimensionale Rahmen wird dabei zum festgefügten räumlichen Bezugspunkt angesichts der Ungewißheiten virtueller Wahrnehmungsräume. Er bietet die notwendige Projektionsfläche und organisiert gleichzeitig die Vielfalt der medialen Erfahrungen. Er definiert die Besonderheiten der einzelnen kleinen Welten und wird so zur psychologischen, räumlich erfahrbaren Schnittstelle zwischen dem realen und dem möglichen Raum.

Anders als die kunstgeschichtlich kanonisierten Exponate eines konventionellen Kunstmuseums sind die Exponate eines Medienmuseums sich ständig neu definierende und oftmals anders materialisierende Dokumente eines Prozesses, der gerade erst am Anfang steht. Wechsel, Austausch und Korrektur sind vorprogrammiert und müssen als genuiner Bestandteil eines dynamischen Museumskonzeptes eingeplant werden, das sich über das Experiment und nicht über das Artefakt definiert.

Das offene Raumkonzept der Architekten ließ den Spielraum, einen räumlichen Zusammenhang zu schaffen oder besser zuzulassen, der dem Experimentellen, Transitorischen, auf Entwicklung, Austausch und Wechsel angewiesenen Charakter des neuartigen Museums entspricht: Sie haben den nötigen Freiraum gelassen, in dem eine eigene Architekturszenerie aus Kabinetten, Kisten und Kuben, aus mehr oder weniger individuellen Behältern entstehen kann, die nach Maßgabe ihrer inneren Ereignisse in Zusammenarbeit mit den Museumsmachern konzipiert worden sind. Anders als im Museum für Neue Kunst, wo sie bis auf wenige Ausnahmen als dezente Einbauten der architektonischen Rahmenhandlung des Altbaus untergeordnet sind, entfalten sie in den Etagen des Medienmuseums ein architektonisches Eigenleben. In ihrem äußeren Umrißgefüge und ihrer Materialbeschaffenheit ordnen sie sich zwar in den architektonischen Zusammenhang ein, doch im Wechsel von geschlossenen Räumen, beiläufigen Wegen und durchlässigen Platzsituationen mit frei im Raum arrangierten Installationen entsteht ein eigensinniges urbanes Gefüge, dessen Vielfalt die Vielschichtigkeit der Rezeptionssituationen organisiert, die den statisch stillen Dialog zwischen Werk und Betrachter ersetzt haben. Dieses urbane System solitärer Einbauten unterbricht das reale Raumkontinuum und organisiert den »stationären«, vorübergehenden Aufenthalt in den virtuellen Welten, die zu erforschen, zu erkunden und auszuloten die Abteilungen des ZKM angetreten sind.

In der offenen Raumstruktur sind die Qualitäten der unterschiedlichen Ausblicke und Anblicke fast beiläufig in Beziehung gesetzt: reale und virtuelle, architektonische und künstlerische, zwei- und dreidimensionale. Dem geforderten, angesichts der medialen Sensationen bisweilen vielleicht auch überforderten Blick wird dabei ein (ent-)spannendes Szenarium von Blickwechseln geboten, in dem Ausblick und Einblick, Lichtblick

und Blickpunkt in eine Beziehung wechselseitiger Erhellung treten. Wo dieser ständige visuelle Zusammenhang unerwünscht ist, geben dunkle, aber dennoch transparent gehaltene Schiebepaneele die Möglichkeit optischer Abgrenzung, ohne den Ausblick, den Raumzusammenhang gänzlich zu blockieren.

Dabei fallen auch Details ins Auge, die jenseits des gelungenen Umgangs mit dem großformatigen Raumzusammenhang in ihrer formalen Gestaltung ein wenig zurückhaltender hätten ausfallen können: die voluminösen, röhrenförmigen Substruktionen der Treppen und Brücken zum Beispiel variieren ein von den Architekten immer wieder verwendetes Element in einer Weise, die den sachlichen Strukturen des Altbaus nicht immer entgegenkommen. Das tut der Gesamtwirkung zwar keinen Abbruch, bringt aber ein Moment forcierter Selbstbehauptung ins Spiel, die angesichts der wuchtigen Präsenz des Altbaus verständlich ist.

Nicht überall bewährt sich das Prinzip der »eingestellten Raumboxen«. Zu Reibungen kommt es dort, wo sich ein großformatiges Volumen gegenüber dem festgefügten Modulsystem der Lichthöfe zu behaupten hat: Denn während sich die Musikstudios in ihrem blauen Kubus in konstruktiver und formaler Eigenständigkeit gegenüber dem Altbau emanzipiert haben, muß sich der kompakte Behälter des Medientheaters mit den unveränderlichen Abmessungen eines Lichthofs auseinandersetzen. Es ist in dem dem Eingangsfoyer benachbarten Lichthof 6 untergebracht, dessen Grundfläche es nahezu komplett besetzt. Der kubische Grundgedanke ist hier zu einem nach oben hin sich verjüngenden Pyramidenstumpf abgewandelt, so daß der Baukörper gegenüber den Emporengeschossen stetig zurückweicht und damit auch den von oben kommenden Lichteinfall nicht völlig bremst. Das Medientheater kann neben dem gegenüberliegenden kleineren Vortragssaal für Vorlesungen, Vorträge, Symposien und ähnliche Veranstaltungen genutzt werden. Vor allem aber ist es als Experimentierbühne und »Werkstatt« gedacht, in der die unterschiedlichsten Formen multimedialer Inszenierungen erprobt und vorgeführt werden sollen.

Eine zentrale Voraussetzung für diese Aktivitäten war seine hermetische akustische und visuelle Abschirmung. Und so ist das Medientheater ein geschlossener, monolithischer Block aus Stahlbeton und Blech. Die akustische Abschirmung gegenüber dem Außenbereich wird durch die Zweischaligkeit des mit roh belassenen Walzblechen verkleideten Stahlbetongehäuses erreicht, dessen massive Material- und Volumenpräsenz durch ein seriell wirkendes Muster aus rotglänzenden Siebdruck-Streifen relativiert werden soll, das darüber hinaus im Wechselspiel des von oben einfallenden Lichtes etwas vom Mediengeschehen im Inneren nach außen hin sichtbar machen soll. Einmal mehr beschränkten sich die Architekten auf Anspielungen, deren abstrakter Charakter auf einer farblich-formalen Vereinfachung beruht, die vorderhand erst einmal die Immaterialität der Wandfläche suggerieren soll, gewissermaßen als Vorstufe zu den virtuellen Räumen, die im Inneren des Raumes erzeugt werden.

Zwar mildern seine Oberflächentextur und das Zurückweichen seiner Außenwände gegenüber den Emporengeschossen den Eindruck des »Eingezwängtseins«, seine Sperrigkeit nehmen sie dem Medientheater dennoch nicht. Auch die städtebaulichen Geste,

14. Schweger + Partner, ZKM, Karlsruhe, 1992–97. Schiebepaneele im Medienmuseum. (Photo: Bernhard Kroll.)
15. Schweger + Partner, ZKM, Karlsruhe. Computersimulation.

14. Schweger + Partner, ZKM, Karlsruhe, 1992–97. Sliding panels in the media museum. (Photo: Bernhard Kroll.)
15. Schweger + Partner, ZKM, Karlsruhe. Computer simulation.

sculpture, object art etc. And early video sculpture can also make its presence felt in this kind of spatial context made up of fluid and stationary elements. Its personal qualities usually develop in a dialogue between almost archetypal media set-pieces like a television or video monitor and a three-dimensionally arranged environment. Its effects are thus not concentrated on what can be seen on the surface of the screen or the projection, of whatever kind it may be. They also demand to be addressed in spatial terms.

Things are quite different with the products of more recent media art, whose very particular projection procedures need darkness so that they can provide their own light. Media art has introduced »night to the museums«, and if this is not its most essential characteristic, it is still one that requires a quite different spatial concept, in which optical and acoustic screening becomes a fundamental requirement of the presentation.

Here the three-dimensional frame becomes a fixed spatial reference point in terms of the uncertainties of virtual perception spaces. It offers the necessary projection surface and at the same time organizes the diversity of media experience. It defines the special qualities of individual small worlds and this becomes a psychological, spatially discernible interface between real and possible space.

Unlike exhibits in a conventional art gallery, which are canonized by art history, exhibits in a media museum constantly redefine themselves and are often differently materializing records of a process that is still in its early stages. Change, exchange and correction are programmed in and have to be planned as a genuine component of a dynamic museum concept that is defined by experiment rather than by artefacts.

The architects' open spatial concept left scope for creating or better for admitting a spatial concept appropriate to the character of the new museum, which is transitory, and looks to development, exchange and change: the architects have left enough empty space to make it possible to create independent architectural

scenery from cabinets, cases and cubes, from more or less individual containers, conceived to fit in with their inner world in co-operation with the museum-makers. Apart from the Museum für Neue Kunst, where with a few exceptions in the form of discreet fittings they are subordinated to the general architectural treatment of the old building, they develop an architectural life of their own on the various floors of the media museum. They do submit to the architectural context in the structure of their external lines and the quality of their material, but the change of closed spaces, random pathways and permeable situations with installations arranged freely in the space creates an urban structure with a meaning of its own, whose diversity organizes the complexity of the situations in which visitors respond to the work, which have replaced the static, silent dialogue between work and viewer. This urban system of solitaire installations interrupts the real spatial continuum and organizes the »stationary«, temporary stay in virtual worlds that the ZKM's departments are there to explore, reconnoitre and plumb.

The qualities of the various views and aspects are related to each other almost casually in the open spatial structure: real and virtual, architectural and artistic, two- and three-dimensional. Here the eye that is required to take this in – perhaps sometimes too much is required of it in terms of media sensations – is offered an exciting yet relaxing scenario of changing views in which looking out and looking in, view of light and point of view, turn out to be mutually illuminating. Where these constant visual links are considered undesirable, dark sliding panels that are still kept transparent offer the possibility of setting visual boundaries, without completely blocking out the view, the spatial context.

But here one is also struck by details that could have come out a little more reticently beyond the successful handling of the large-format spatial context: the voluminous, tubular substructures of the stairs and bridges, for example, vary an element that is con-

mit der die der Längsdurchwegung des Hallenbaus zugewandte »Eingangsseite« ansetzt, kommt im Geviert der eng anliegenden Verbindungsbrücken und Emporen der Zwischengeschosse nicht recht zur Geltung. Die zwischen den seitlich symmetrisch plazierten Eingängen im 1. Geschoß erkerartig sich auswölbende Glaskanzel, in der sich der Vorraum der inneren Projektionskanzel verbirgt, hätte an einem freistehenden Bau ein dekoratives »urbanes« Fassadenmotiv abgegeben, hier nimmt man es kaum wahr, hier wirkt es eher eingeklemmt.

Der begrenzte Raum fordert auch bei der räumlich-funktionalen Binnenstruktur des Theaters seinen Tribut: Eine komplexe Bühnenanordnung läßt er nur bedingt zu, die Auftrittsmöglichkeiten sind beschränkt, das Fehlen ausreichender Garderoben- und anderer Serviceräume schränken den Maßstab der Inszenierungen ein. Den internen optischen und akustischen Kommunikationsbeziehungen, deren reibungsloses Funktionieren eine elementare Voraussetzung für die komplex gesteuerten inszenatorischen Abläufe sind, fehlt es an direkten, unmittelbaren Verbindungen.

Das Medientheater dient vielen, vielleicht zu vielen Funktionen, und während alle anderen Abteilungen aus dem intensiven Dialog zwischen den Architekten und ihren zukünftigen Nutzern entstanden sind, war die Konzeption des Medientheaters den unterschiedlichsten Prämissen und Bedürfnissen unterworfen, von denen sich manche erst über die mittlerweile in der vielgestaltigen Inszenierungspraxis gemachten Erfahrungen herauskristallisierten.

Die im äußeren Kubus untergebrachten Musikstudios bieten einen hohen technologischen und akustischen Ausstattungsstandard für die Aufführung von experimentellen Tonwerken. Die an einer Stahlkonstruktion nahezu schwingungsfrei aufgehängten Studios stellen hochkarätige Produktions- und Aufführungsorte zur Verfügung. Wie am Medientheater spiegelt sich in den symbolischen Qualitäten seiner konstruktiven Beschaffenheit nur eine vorsichtige Selbstvergewisserung auf die Anfänge medialer Raumbestimmungen. Doch der programmatische Verzicht auf direkte medientechnologische Ausprägungen wird an den Fassaden des Musikwürfels nicht ganz so konsequent durchgehalten wie dort. Denn nach der Selbstinterpretation der Architekten soll »die Mehrschichtigkeit des Kubus mit seinem gläsernen Mantel über dem blauen Studiokörper ... an einen Monitor im Moment des An- und Abschaltens« erinnern – als »blaues Flimmern jenseits des Bildes am Übergang zwischen den Wahrnehmungsebenen«[12] verweist es so auf eines der »Leitfossilien« des Medienzeitalters.

So gesehen wird das intensive Ätherblau seiner Außenhaut zu einer Art archetypischer Metapher all dessen, was von der blauen Blume der Romantik bis zum Blue Limbo des postkinematographischen Zeitalters als Projektionsfläche und Wunschmaschine des im weitesten Sinne Virtuellen gedient hat. Sein symbolisches Gegenstück findet es im blau ausgeschlagenen Inneren des in den Altbau verlagerten Medientheaters.

Die Annäherung an die architektonischen Anverwandlungen des Virtuellen hatten die Architekten in ihrem ursprünglichen Entwurf ein wenig pointierter propagiert, hatten sie doch dort einen zweiten, nahezu identischen Kubus vorgesehen, in dem die Videostudios untergebracht werden sollten. Durch stegartige Brücken mit dem Altbau verbunden, waren die

beiden Würfel über einer glatten, langgezogenen Wasserfläche plaziert, in der sich der Altbau gespiegelt und mit den Umrissen der neuen Architekturen vermischt hätte: zu einer zufälligen und beiläufigen Metapher des Virtuellen, das in den raumauflösenden Wirkungen der Spiegelbilder seine Vor-Bilder hat.

Alles in allem haben die Bedingtheiten des Altbaus und das für eine so komplexe und anspruchsvolle Aufgabenstellung vergleichsweise bescheidene Finanzvolumen die Gestaltungsmöglichkeiten der Realisierung und der Benutzung zwar eingeschränkt; gleichzeitig sind aus der Begegnung zwischen historischer Industriearchitektur, Kunst und zukunftsorientierter Medientechnologie jedoch produktive Reibungsflächen entstanden, die, wie die mittlerweile mehr als einjährige Nutzungsdauer gezeigt hat, durchaus fruchtbar gemacht werden können. Vor allem die gelungene Kombination äußerer und innerer Urbanität macht das ZKM zu einem Ort, der sich nicht nur in den alltäglichen Abläufen bewährt, sondern ihm auch einen Platz im vielgestaltigen Panorama der Museumsarchitektur des ausgehenden 20. Jahrhunderts sichert.

1 Der 1986 jurierte Entwurf von Ungers war auf ein Palais in der Karlsruher Innenstadt bezogen gewesen, die Entscheidung zur Umplazierung wurde 1989 getroffen.

2 Im Rahmen des 1992/93 durchgeführten Gutachterverfahrens waren neben Schweger + Partner die Frankfurter Architekten Jochem Jourdan und Bernhard Müller sowie das Karlsruher Büro Schmitt, Kasimir und Partner mit einem Entwurf für den Hallenbau beauftragt worden.

3 Anläßlich der Eröffnung des ZKM im Oktober 1997 erschien die von der Stadt Karlsruhe herausgegebene zweibändige Dokumentation zur Entstehungsgeschichte des ZKM: Karlsruhes neues Kulturzentrum, Karlsruhe 1997.

4 Der Wettbewerb ist dokumentiert in: Zentrum für Kunst und Medientechnologie. Architektur Wettbewerb, München 1990.

5 Hans-Peter Schwarz, in: Medien-Kunst-Geschichte, München 1997, S. 71.

6 Vgl. Sybille Krämer, »Spielerische Interaktion. Überlegungen zu unserem Umgang mit Instrumenten«, in: Florian Rötzer (Hrsg.), Schöne neue Welten? Auf dem Weg zu einer neuen Spielkultur, München 1995, S. 229/230.

7 Laszlo Moholy-Nagy, von material zu architektur, München 1929, Abb. 193 und 209.

8 Bauten von Manz sind u. a. behandelt und abgebildet in: Gustav A. Platz, Die Baukunst der Neuesten Zeit, Berlin 1927, S. 355; Manfred Wehdorn und Ute Georgeacopol-Winschhofer, Baudenkmäler der Technik und Industrie in Österreich, Bd. 1: Wien, Köln und Graz 1984, S. 99, 105 u. a.; Leo Schmidt, »Imperiale Industriearchitektur. Architektonische Formensprache einer Waffenfabrik von 1914 bis 1918«, in: Denkmalpflege in Baden-Württemberg. Nachrichtenblatt des Landesdenkmalamtes, 19, 1990, S. 1–6; Gerhard Lutz, »Das alte Stadtbad und die Bauten von Philipp Jakob Manz in Heidenheim«, in: Jahrbuch 1989/90, hrsg. v. Helmut Weimert im Auftrag des Heimat- und Altertumsvereins Heidenheim e. V., Heidenheim 1990, S. 195–218.

9 Lutz (Anm. 8), S. 203.

10 Sebastian Drost, Patronenwald. Dokumente zur Zwangsarbeit im »Dritten Reich«, Stuttgart 1998 (Schriftenreihe der Staatlichen Hochschule für Gestaltung Karlsruhe).

11 Zu den Arbeiten von Schweger + Partner sind u. a. erschienen: Architekten Schweger + Partner. Bauten und Projekte, Stuttgart 1991; Architekten Schweger + Partner. Bauten und Projekte. Buildings and Projects. 1990–1998, Berlin 1998.

12 Schweger + Partner, »Zur Architektur – Neues Leben in einem historischen Bauwerk«, in: Karlsruhes neues Kulturzentrum, Anm. 3, S. 102.

[1] Ungers' design, judged in 1986, had related to a palace in central Karlsruhe; the decision to resite it was taken in 1989.

[2] In the report procedure carried out in 1992/93, the Frankfurt architects Jochem Jourdan and Bernhard Müller, as well as Schmitt, Kasimir und Partner as well as Schweger + Partner had been commissioned to produce a design for the hall.

[3] For the opening of the ZKM in October 1997 the city of Karlsruhe published a two-volume record of how the ZKM came into being: *Karlsruhes neues Kulturzentrum*, Karlsruhe, 1997.

[4] The competition is documented in: *Zentrum für Kunst und Medientechnologie. Architektur Wettbewerb*, München 1990.

[5] Hans-Peter Schwarz, in: *Medien-Kunst-Geschichte*, München 1997, p. 71.

[6] Cf. Sybille Krämer, »Spielerische Interaktion. Überlegungen zu unserem Umgang mit Instrumenten«, in: Florian Rötzer (ed.), *Schöne neue Welten? Auf dem Weg zu einer neuen Spielkultur*, Munich, 1995, pp. 229/230.

[7] Laszlo Moholy-Nagy, *von material zu architektur*, Munich, 1929, ills. 193 and 209.

[8] Publications with descriptions and illustrations of buildings by Manz include: Gustav A. Platz, *Die Baukunst der Neuesten Zeit*, Berlin, 1927, p. 355; Manfred Wehdorn and Ute Georgeacopol-Winschhofer, *Baudenkmäler der Technik und Industrie in Österreich*, vol. 1: *Wien*, Cologne and Graz, 1984, pp. 99, 105 and passim; Leo Schmidt, »Imperiale Industriearchitektur. Architektonische Formensprache einer Waffenfabrik von 1914 bis 1918«, in: *Denkmalpflege in Baden-Württemberg. Nachrichtenblatt des Landesdenkmalamtes*, 19, 1990, pp. 1–6; Gerhard Lutz, »Das alte Stadtbad und die Bauten von Philipp Jakob Manz in Heidenheim«, in: *Jahrbuch 1989/90*, ed. by Helmut Weimert for the Heimat- und Altertumsverein Heidenheim e. V., Heidenheim, 1990, pp. 195–218.

[9] Lutz (note 8), p. 203.

[10] Sebastian Drost, *Patronenwald. Dokumente zur Zwangsarbeit im »Dritten Reich«*, Stuttgart 1998 (*Schriftenreihe der Staatlichen Hochschule für Gestaltung Karlsruhe*).

[11] The following works on Schweger + Partner have appeared, among others: *Architekten Schweger + Partner. Bauten und Projekte*, Stuttgart, 1991; *Architekten Schweger + Partner. Bauten und Projekte. Buildings and Projects. 1990–1998*, Berlin, 1998.

[12] Schweger + Partner, »Zur Architektur – Neues Leben in einem historischen Bauwerk«, in: *Karlsruhes neues Kulturzentrum*, note 3, p. 102.

stantly used by the architects in a way that does not always accommodate the functional structures of the old building. This does not harm the overall effect, but introduces an element of forced self-assertion that is understandable in view of the massive presence of the old building.

The principle of »inserted spatial boxes« does not work everywhere. There is friction whenever a large-scale volume has to hold its own against the fixed modular system of the atriums: the music studios in their blue cube have successfully emancipated themselves from the old building by means of structural and formal independence, but the compact container for the media theatre has to come to terms with the immutable dimensions of one of the atriums. It is housed in atrium 6, which is next to the foyer and whose area it occupies almost completely. The cubic basic idea is here transformed into a truncated pyramid, so that the building constantly moves back in relation to the galleries, and thus also does not completely hold back the incident light from above. The media theatre, like the smaller lecture theatre opposite, can be used for lectures, performances, symposia and similar events. But above all it is intended as an experimental stage and »workshop«, in which a very wide variety of multi-media stagings are to be tried out and performed.

A central requirement for these activities was that the theatre should be perfectly sound- and light-proof. Thus it is a closed, monolithic block in reinforced concrete and sheet metal. It is soundproofed against the external area by the fact that the reinforced concrete shell, clad in untreated rolled sheet metal, is a double shell. Its massive material presence, in terms of both material and volume, is intended to be relativized by an apparently serial pattern of gleaming red screen-printed stripes, which is also intended to make something of the media events inside the theatre visible outside in the interplay of the incident light from above. Once more the architects restricted themselves to allusions whose abstract character is based on simplification in terms of colour and form intended first of all to suggest the immaterial quality of the wall surface, to a certain extent as a preliminary stage to the virtual spaces that are created inside.

It is certainly true that the theatre's surface texture and the way in which its exterior walls move inwards in relation to the upper storeys mitigate the impression that it has been »crammed in«, but they do not make it look any less unwieldy. But the urban gesture with which the »entrance side« begins – it faces the longitudinal set of pathways through the hall – does not develop to its full advantage in the square with closely adjacent connecting bridges and galleries on the mezzanine floors. A glazed pulpit housing the anteroom to the inner projection room and bulging out like a bay between the entrances that are placed symmetrically at the sides on the first floor would have looked like a decorative urban »façade motif« on a free-standing building, but here it is scarcely noticeable, in fact it gives the impression that it has been trapped inside.

The limited space takes its toll in terms of the spatial-functional character of the interior of the theatre as well: complex arrangements on stage are heavily restricted, entrances are limited and the scale of productions is inhibited by the lack of adequate cloakroom and other service areas. There is a lack of direct connections for internal visual and acoustic communi-

cations, which need to function smoothly if the complex control system for staged sequences is to work properly.

The media theatre is used for a lot of functions, perhaps too many, and while all the other departments arose from an intensive dialogue between the architects and their future users, the conception of the media theatre was subject to a whole range of premises and needs, many of which did not crystallize until experience had been gained from the many facets of staging practice.

The music studios accommodated in the external cube offer a high standard of technological and acoustic equipment for staging experimental sound works. The studios are suspended almost vibration-free on a steel structure, and offer high-calibre locations for production and performance. As in the media theatre, the symbolic qualities of its structure reflect only a careful level of self-confidence about the early stages of media space requirements. But the programmatic rejection of directly media-technological forms is not carried through as consistently on the façades of the music cube as in the theatre. But according to the architects' own interpretation, the »multi-layered quality of the cube with its glazed mantle above the blue body of the studio« is intended to be reminiscent »... of a blue shimmer beyond the image at the point of transition between the planes of perception«,[12] and thus refers to one of the »index fossils« of the media age.

Seen in this way, the intense ethereal blue of its outer skin becomes a kind of archetypal metaphor of everything that has served as a projection surface and wish-machine of things that are virtual in the broadest sense, from the blue flower of the Romantics to the Blue Limbo of the post-cinematographic age. It finds a symbolic counterpart in the blue-lined interior of the media theatre in the old building.

The architects had put their approach to the architectural applications of the virtual forward more pointedly in their original design. There they had planned a second, almost identical cube, intended to accommodate the video studios. The two cubes were connected to the old building by walkway-like bridges, and placed above a long, smooth stretch of water, which would have reflected the old building and mingled with the outlines of the new architecture: a random, casual metaphor of the virtual, which has its models in the space-dissolving effects of the reflections.

All in all the limitations of the old building and the comparatively modest amount of money available for such a complex and demanding brief did limit the creative possibilities for realization and use; but at the same time, the meeting of historical industrial architecture, art, and forward-looking media technology produced productive areas of friction that can be used entirely fruitfully, as more than a year's use has now shown. The combination of external and internal urban quality above all makes the ZKM into a place that does not just hold its own for everyday events, but also secures it a place in the elaborate panorama of late 20th-century museum architecture.

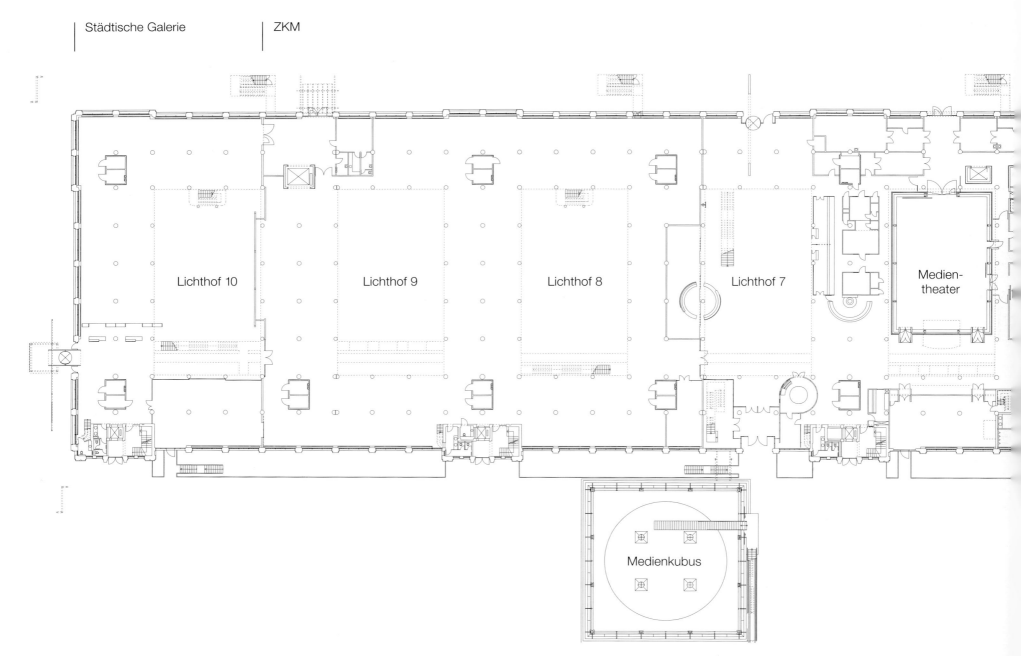

Städtische Galerie | ZKM

Lichthof 10

Lichthof 9

Lichthof 8

Lichthof 7

Medien-
theater

Medienkubus

1. Grundriß der Gesamtanlage (Erdgeschoß).

S. 22, 23
2–5. Grundrisse des fertiggestellten Teils (1. Obergeschoß, 2. Obergeschoß, 3. Obergeschoß, 4. Obergeschoß).

S. 24, 25
6–8. Schnitte.

1. Plan of the total complex (ground floor).

p. 22, 23
2–5. Floor plans of the completed part (1st floor, 2nd floor, 3rd floor, 4th floor).

p. 24, 25
6–8. Sections.

Hochschule für Gestaltung

Museum für Neue Kunst

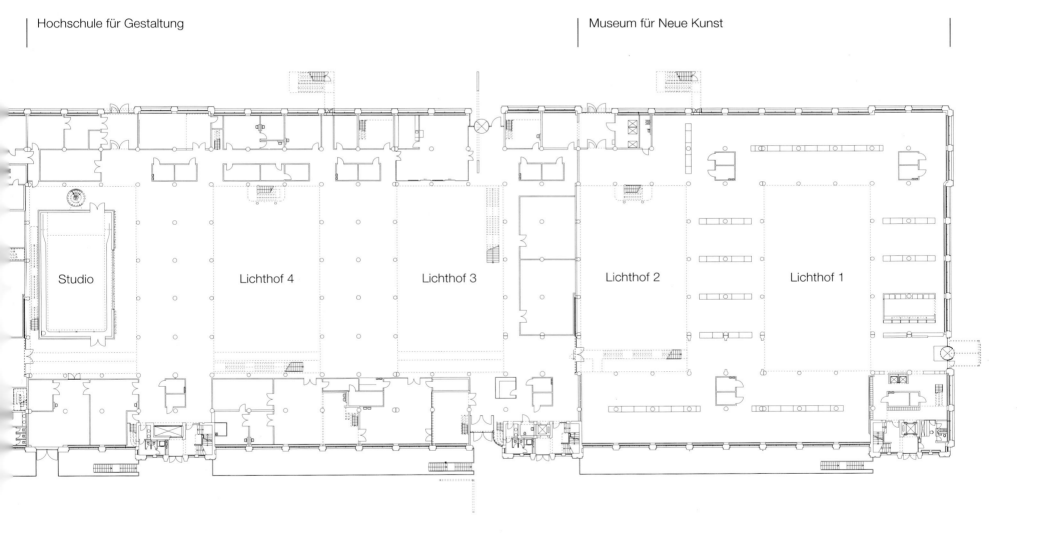

Studio

Lichthof 4

Lichthof 3

Lichthof 2

Lichthof 1

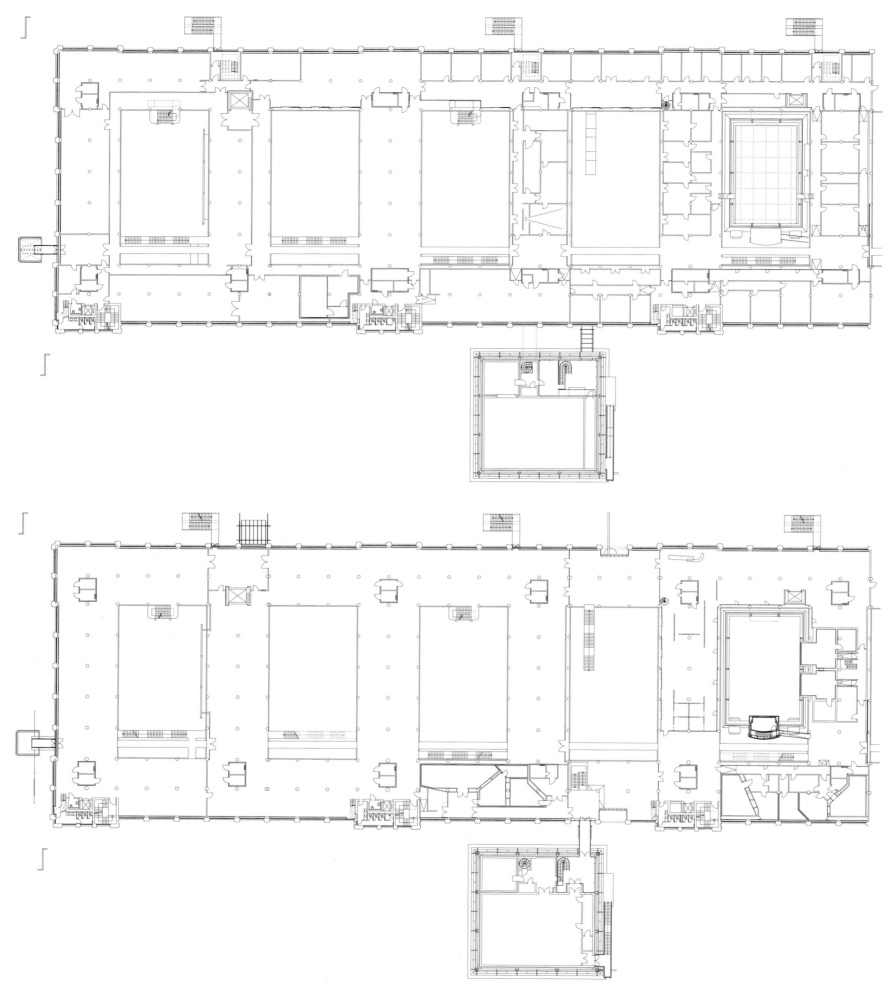

22

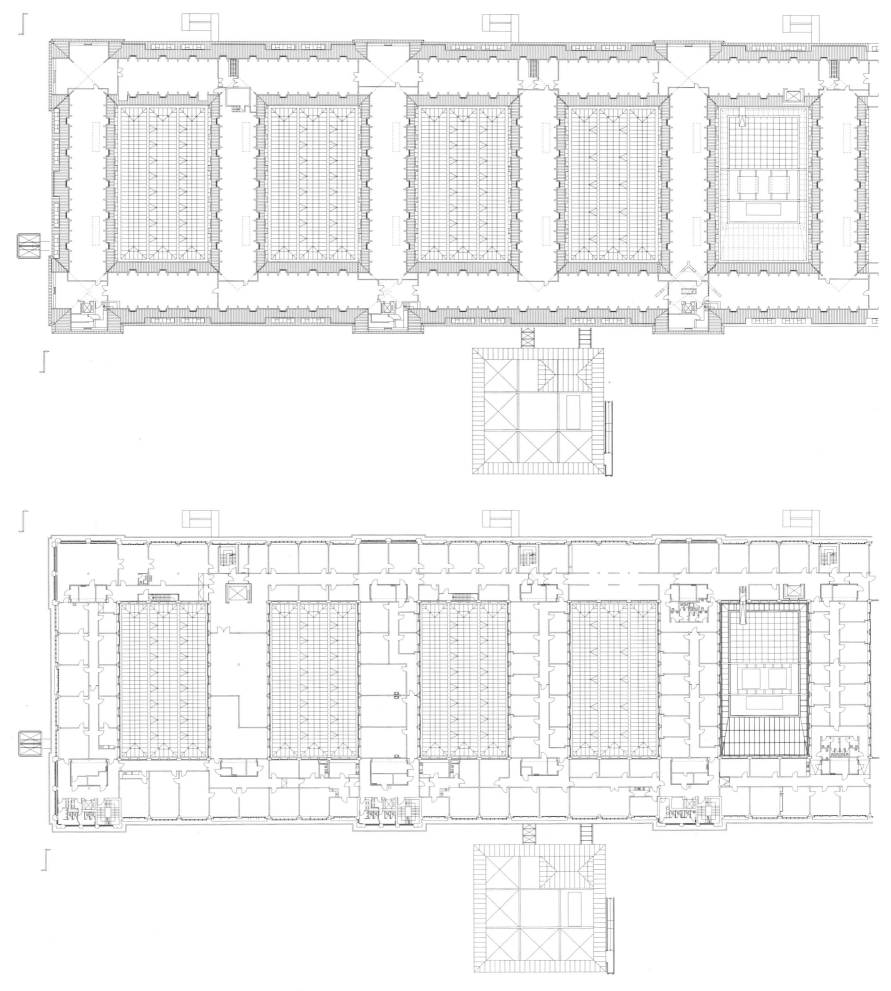

23

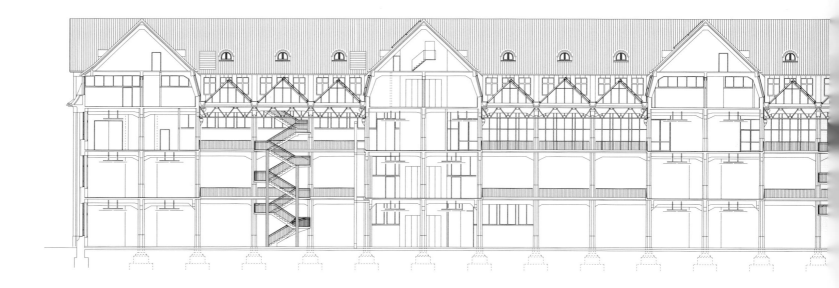

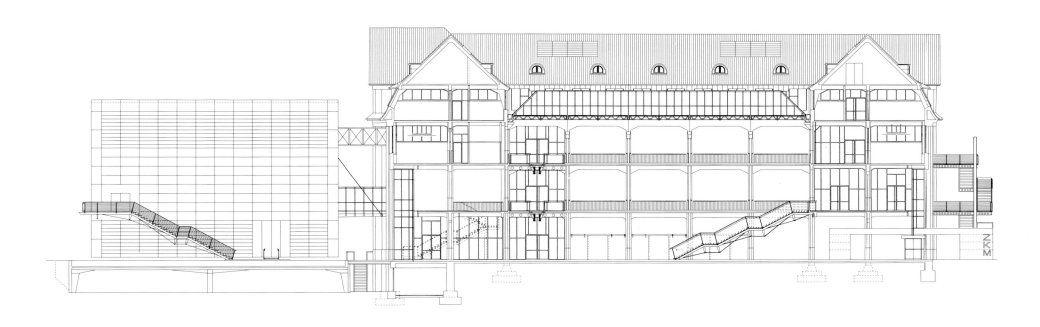

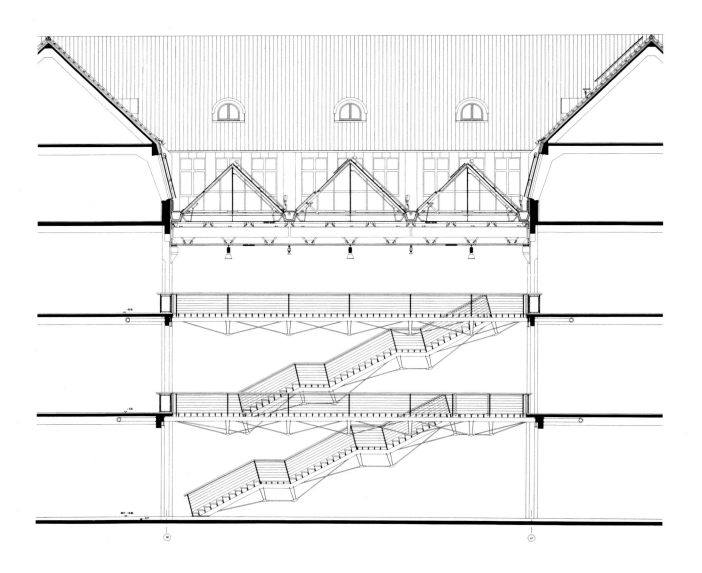

9. Schnitt durch den Lichthof 10.
10. Schnitt durch den Medienkubus.

9. Section through atrium 10.
10. Section through the media cube.

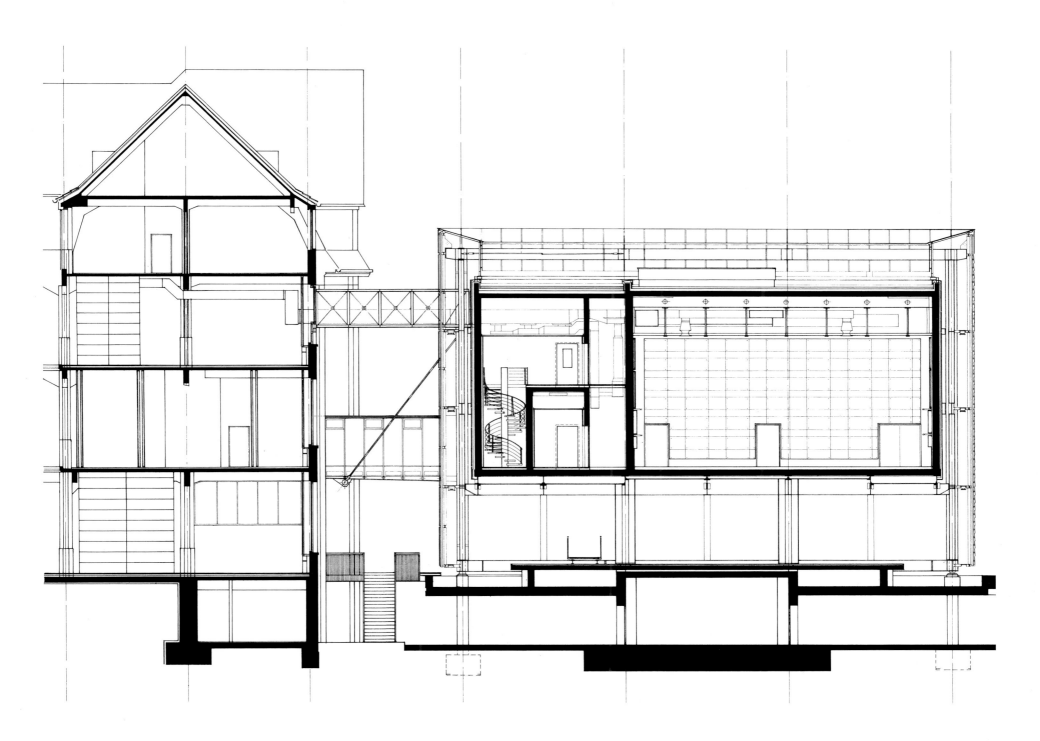

S. 28/29
1. Ansicht des Gebäudes von Osten mit Haupt-eingang und Medienkubus.

2. Südostecke des Gebäudes mit Eingang zur Städtischen Galerie.
3. Westfassade des Gebäudes zur Lorenzstraße.
4. Detailansicht der Westfassade des Gebäudes.

p. 28/29
1. View of the building from the east with main entrance and media cube.

2. South-east corner of the building with entrance to the Städtische Galerie.
3. West façade of the building facing Lorenzstraße.
4. Detailed view of the west façade of the building.

5. Südostecke des Gebäudes mit dem Medienkubus
im Hintergrund.
6, 7. Medienkubus.

5. South-east corner of the building with the media
cube in the background.
6, 7. Media cube.

8. Haupteingang und Medienkubus.
9. Brücke und Installationsverbindung zwischen Halle und Medienkubus.

8. Main entrance and media cube.
9. Bridge and installation connection between hall and media cube.

10, 11. Details der Fassade des Medienkubus.

10, 11. Details of the façade of the media cube.

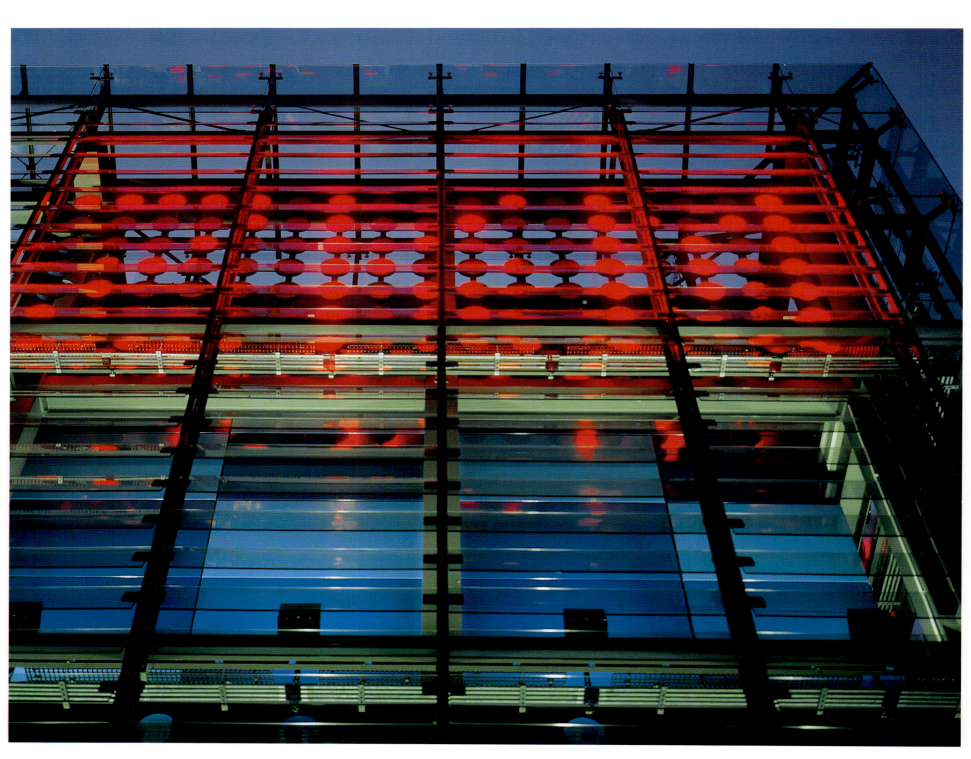

12–14. Eingangshalle (Lichthof 7) mit Cafeteria.

12–14. Entrance hall (atrium 7) with cafeteria.

15–17. Das Glasdach über der Eingangshalle mit Photovoltaik-Elementen.

15–17. The glass roof on top of the entrance hall with photovoltaic elements.

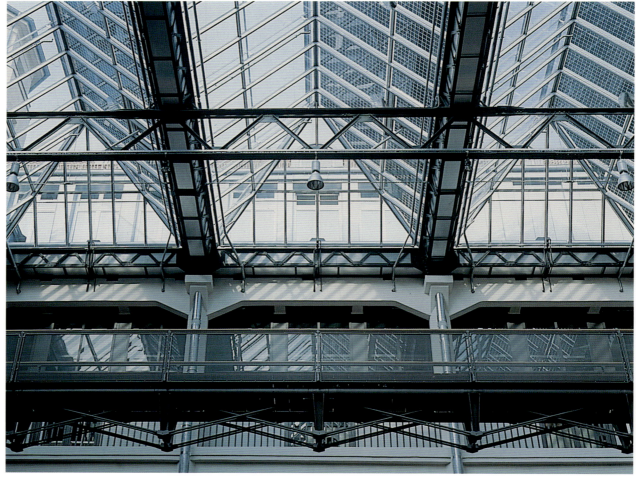

18, 19. Erschließungsspange im Ostbereich des Gebäudes.

18, 19. Access link in the east section of the building.

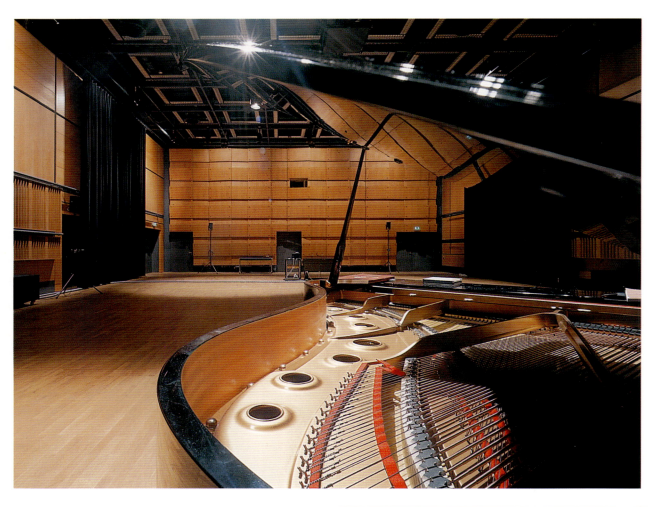

23, 24. Medientheater.

23, 24. Media theatre.

25. Videothek.
26. Bibliothek.

25. Video centre.
26. Library.

27. Ausstellungsbereich des Medienmuseums.
28. Ausstellungsbereich der Städtischen Galerie.
29. Ausstellungsbereich des Städtischen Museums mit einer Installation des Museums für Neue Kunst.

27. Exhibition area of the Medienmuseum.
28. Exhibition area of the Städtische Galerie.
29. Exhibition area of the Städtisches Museum with an installation of the Museum für Neue Kunst.

30–32. Ausstellungsbereich des Medienmuseums.

30–32. Exhibition area of the Medienmuseum.

S. 54/55
33. Lichthof im noch nicht ausgebauten Nordteil des Gebäudes.

p. 54/55
33. Atrium in the north section of the building which is not yet finished.

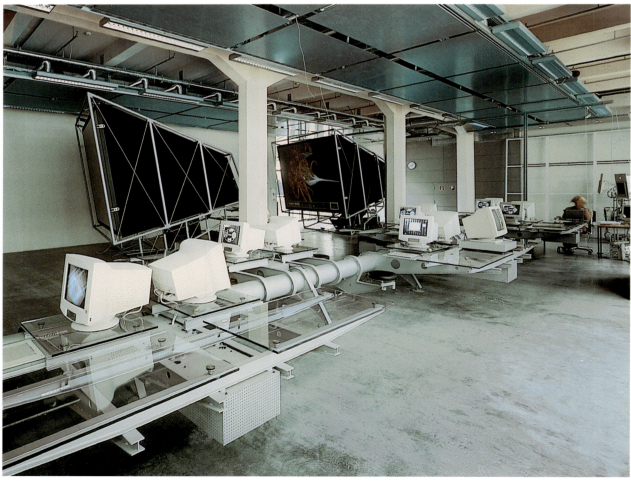

Zentrum für Kunst und Medientechnologie
Lorenzstraße 19
76135 Karlsruhe

Bauherr/Client
Stadt Karlsruhe

Architekten/Architects
Architekten Schweger + Partner, Hamburg (Peter
P. Schweger, Hartmut H. Reifenstein, Bernhard Kohl,
Wolfgang Schneider, Wilhelm Meyer), Hamburg
Mitarbeiter/Collaborators: Chris Ambrosius, Matthias
Borgerding, Matthias Borsch, Yvonne Daum, Frank Fin-
kenrath, Nadja Herrmann, Ilona Kopp, Roland Linsen-
meyer, Peter Neideck, Maria Neigel, Thomas Peschel,
Udo Schröder, Henning Stiess, Michael Windbiel

Projektsteuerung/Project management
Drees & Sommer Aktiengesellschaft, Projektmanage-
ment und bautechnische Beratung, Stuttgart

Tragwerksplanung/Structural engineering
Sobek und Rieger, Ingenieurbüro im Bauwesen GmbH,
Stuttgart

Statik/Statics
Janssen + Stöcklin, Beratende Ingenieure für Bauwesen, Karlsruhe/Rastatt

Freiraumplanung/Landscape planning
Kienast, Vogt und Partner, Zürich

Bühnenplanung/Stage planning
Bühnenplanung Walter Huneke + Partner, Bayreuth

Lichtplanung/Lighting design
Bartenbach LichtLabor GmbH, München

Heizungs-, Lüftungs- und Sanitärplanung/Heating,
ventilation and sanitation planning
Jaeger, Morhinweg + Partner GmbH, Stuttgart

Elektroplanung/Electrical planning
b. i. g. bechtold Ingenieurgesellschaft mbH, Karlsruhe

Akustik/Acoustics
Müller-BBM, Schalltechnisches Beratungsbüro, Planegg

Studiotechnik/Studio technology
IAB – Oberursel, Institut für Akustik und Bauphysik,
Oberursel